DAS WORT GOTTES
VON ŁAGIEWNIKI

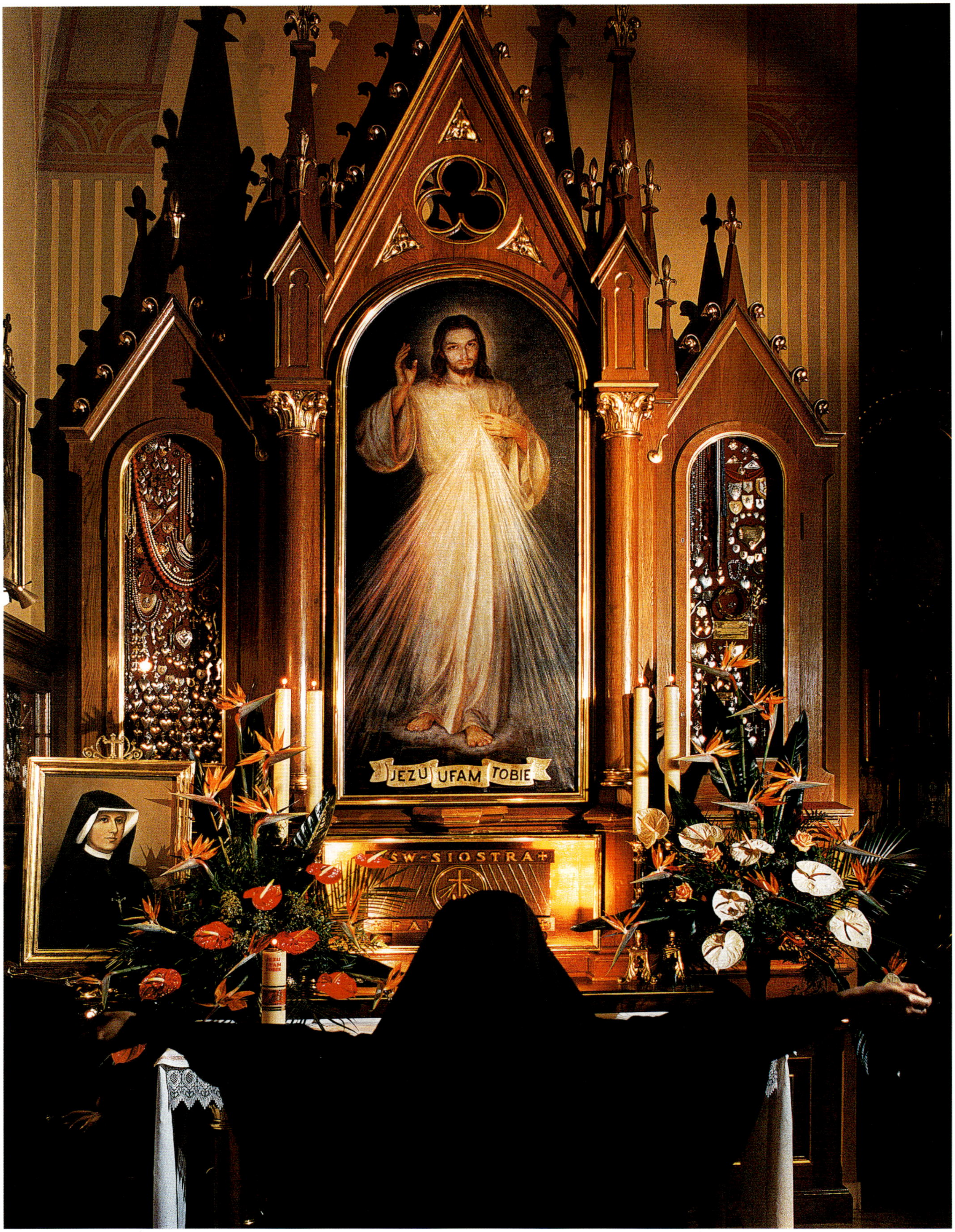
JEZU UFAM TOBIE
ŚW • SIOSTRA

DAS WORT GOTTES VON ŁAGIEWNIKI

Die Geschichte und das Werk der Heiligen Faustina

Bilder
Adam Bujak
Tekst
Jolanta Sąsiadek

Herausgeber sowie die graphische Gestaltung
Leszek Sosnowski

Krakau 2002　　Biały Kruk

Inhaltsverzeichnis

9 Die Geretteten

25 Nichts Vielversprechendes

29 Die Kindheit

43 Die Dienerschaft

51 Die Rettung der verlorenen Seelen

59 Die Verzweiflung der Postulantin

65 Die Freuden und die Leiden des Noviziats

79 Sie wollte jedem helfen

87 Die Offenbarung von Płock

92 Das ewige Gelübde

101 Sie sprach für mich vor Gott

105 Der lang ersehnte Beichtvater

119 Ostern in Wilna

124 „Du wirst die Welt auf mein Wiederkommen vorbereiten"

128 Größtes Elend und Nichts

142 Der Tod als Anfang der Wunder

152 Gottesgabe für unsere Zeit

159 Der Stein von Golgota

Auf den Seiten 6-7: Blick auf die Stadt Krakau von der Łagiewniki-Seite.

*Die Autoren und der Herausgeber
widmen dieses Buch
dem Heiligen Vater
Johannes Paul II.
zu Seinem 82. Geburtstag.*

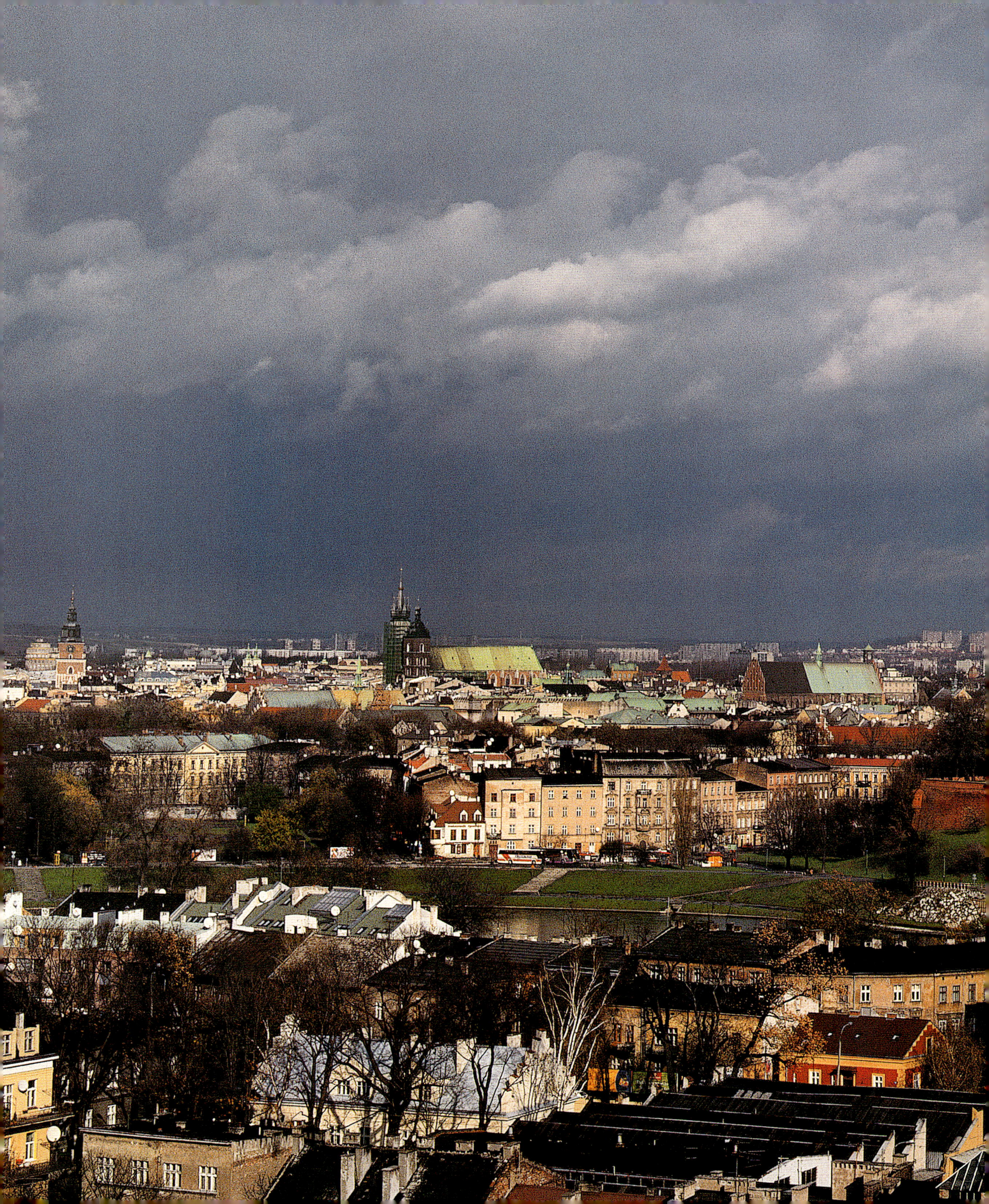

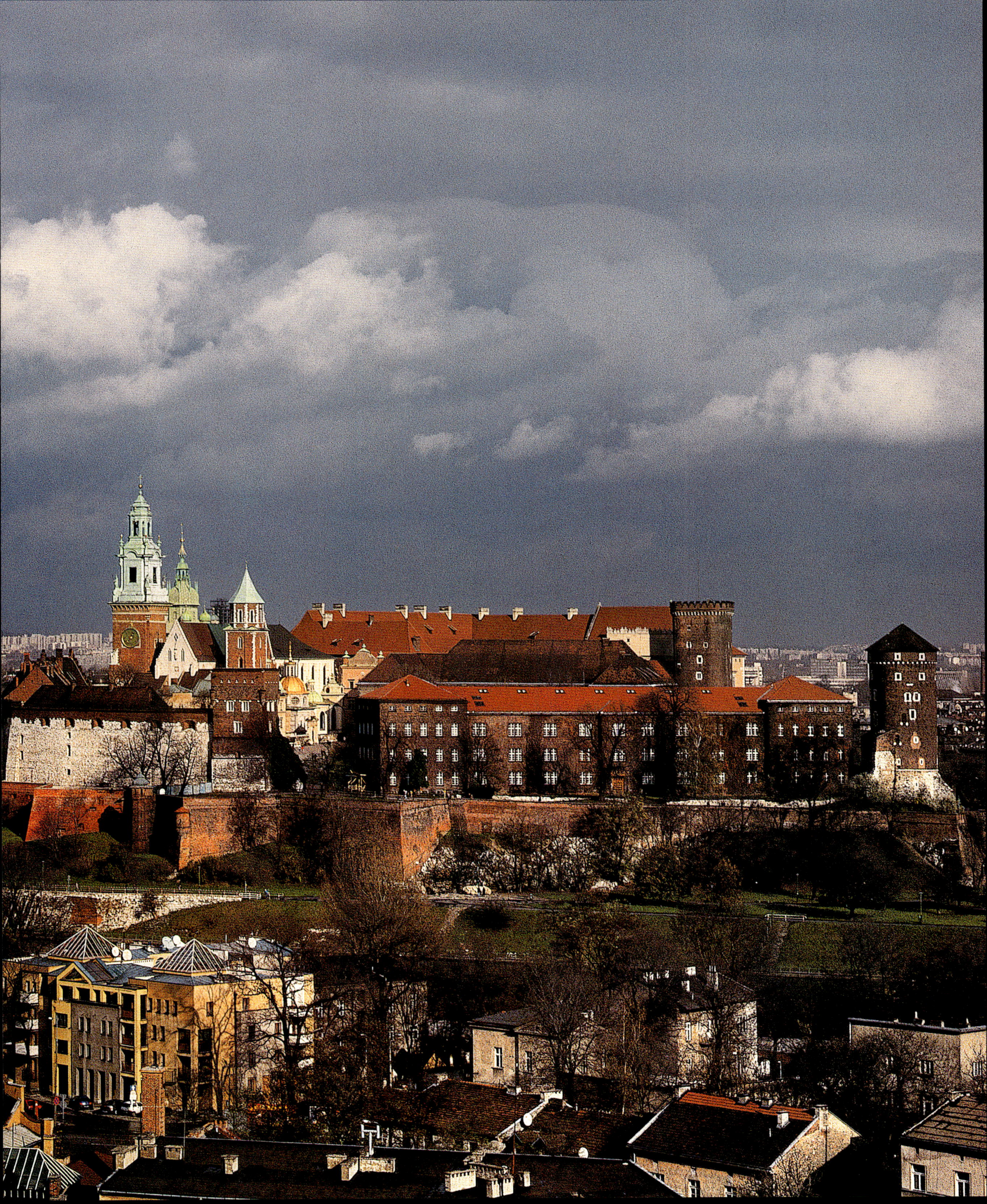

8

Die Geretteten

„Bis zum 15. Lebensjahr erfreute ich mich bester Gesundheit und war sehr glücklich" – erzählt die Amerikanerin Maureen Digan ihre Geschichte. – „Dann wurde ich unheilbar krank, ich bekam die sogenannte Elefantenbeinkrankheit. In den nächsten Jahren mußte ich mich über 50 Operationen unterziehen. Meine Familie sagten zu mir: Bete und vertraue Gott. Und ich dachte: Ihr scherzt, doch. Glauben, Vertrauen an den, der mich zu Boden schmetterte? Ich werde mir selber helfen. Manchmal betete ich, aber nur mit den Lippen und nie mit Herzen. ‚Super Maureen' brauchte keine Hilfe, und schon gar nicht die geistige. Doch niemand wußte, was ich wirklich fühlte. Ich war mir nicht im Klaren darüber, ob diese Krankheit mich Gott näher bringen könnte. Ich war zu beschäftigt mit dem Leben, war in meiner eigenen Welt der Schmerzen...

In dieser Zeit ging ich mit Bob. Er war Soldat der Marinen Infanterie und fuhr oft 18 Stunden, um mich im Krankenhaus zu besuchen. Ich dachte, dass er lediglich Mitleid für mich empfand. Wenn mich Gott nicht liebt, wie kann mich dann dieser gutaussehende Soldat lieben? Ich machte Schluss mit Bob und gab Gott die Schuld daran. Im Laufe der Zeit entschieden die Ärzte, dass ein Bein amputiert werden muss, zuerst oberhalb des Knies, ein halbes Jahr später – bis zur Hüfte. Dies war äußerst schwer für mich. In mein Leben trat wieder Bob. Damals verstand ich, dass sein Gefühl mir gegenüber die Liebe war. Er bat mich um meine Hand, und ich sagte „Ja'. Dies jedoch war nicht das Ende meiner Probleme".

Maureens erste Schwangerschaft endete mit einer Fehlgeburt und die Ärzte offenbarten, dass die Digans wahrscheinlich keine Kinder mehr bekommen können. Trotz dieser Aussage wurden sie nach fast 3 Jahren Eltern. Leider kam Bobby mit einem kranken Gehirn zur Welt und verstummte bevor er zwei Jahre alt wurde und hörte auf zu gehen. Maureen empfand dies als nächste Strafe Gottes, Bob jedoch vertraute, dass Jesus sie nicht verlassen hatte und beschwerte sich nie. Eines Tages sah er einen Film über die Barmherzigkeit Gottes und Schwester Faustina. Er glaubte und versuchte diesen Glauben seiner Frau weiterzugeben. Ohne Erfolg. Er beharrte nicht darauf, aber er beschloss mit seiner Familie zu der Grabstätte der Schwester Faustina nach Polen zu fahren. Es war nicht leicht Maureen zu dieser Reise zu bewegen, Bob schaffte es dennoch. Am 23. März 1981 fuhren sie nach Krakau.

„In Kürze beichtete ich zum ersten Mal seit meiner Jugend wieder richtig und gut. Ich fühlte mich damals Gott und der Schwester Faustina nahe" – erinnert sich die Amerikanerin. – „An diesem Abend beteten wir gemeinsam den Rosenkranz zum Barmherzigen Gott und wir sprachen auch andere Gebete. Dabei baten wir um die Heilung von Bobby und mir. In meinem Herzen hörte ich damals die Stimme der Schwester Faustina: Bitte um Hilfe und ich werde dir helfen. Da ich damals in schlechter Laune war,

Zu der Heiligenstätte nach Łagiewniki kommen Gläubige aus aller Welt. So war es auch am Barmherzigkeitsonntag, den. 7. April 2002.

Auf der nächsten Seite: An den Feierlichkeiten, die an diesem Tag statt fanden, nahmen etwa 160.000 Pilger teil. Auf dem Platz vor der neuen Basilika wurde ein Feldaltar aufgestellt.

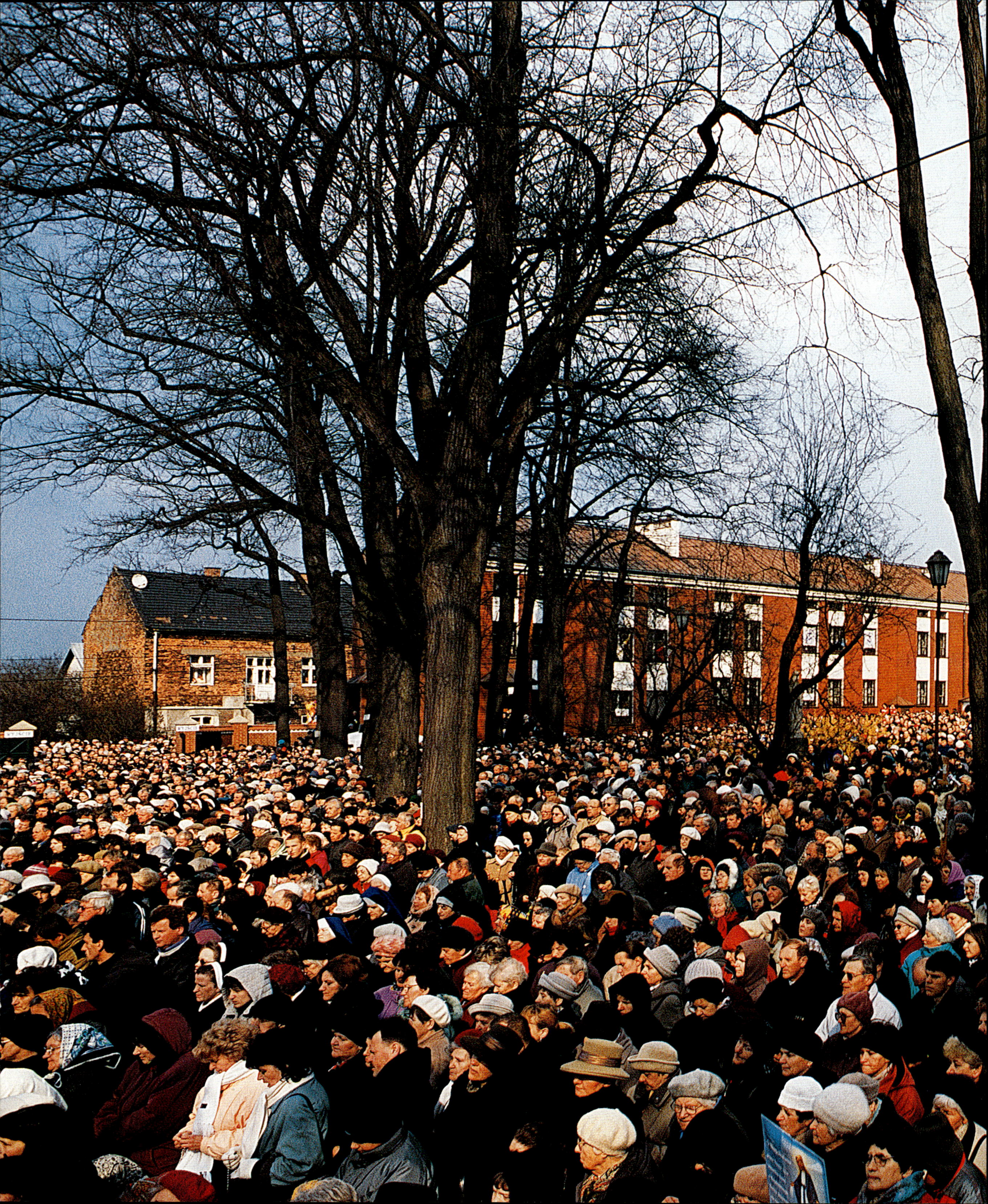

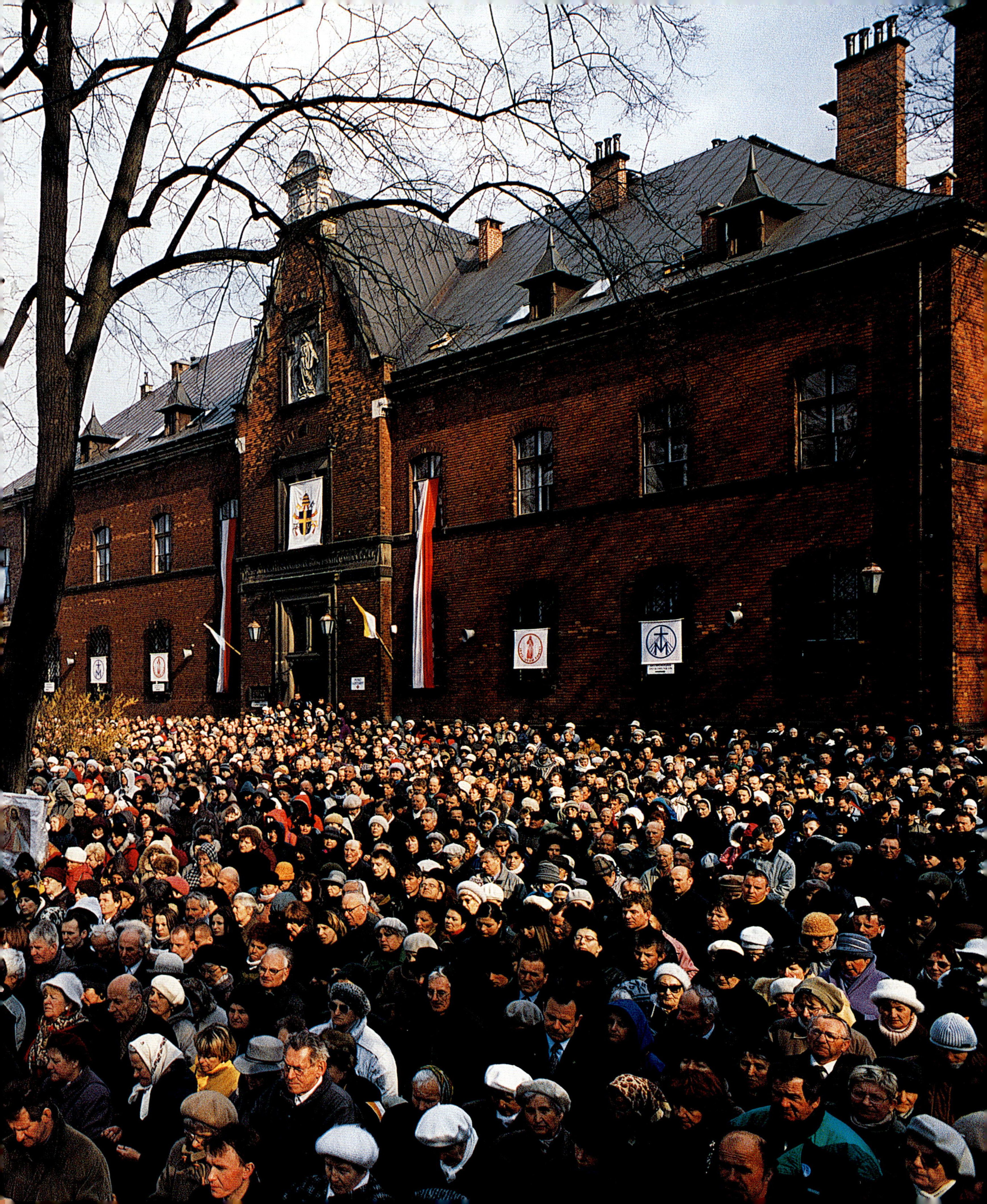

Vor der neuen Basilika der
Barmherzigkeit Gottes trafen
sich: Oberin des
Ordenshauses in Łagiewniki
Schwester Maria Klawera
Wolska, Mutter Priorin
des Ordens der Schwestern
der Mutter Gottes
der Barmherzigkeit Gracjana
Szewc, Vorsitzender
des Stiftungsrates Bischof
Kazimierz Nycz, Krakauer
Metropolit Kardinal
Franciszek Macharski
und Vorstandsvorsitzender
der Stiftung
der Barmherzigkeit Gottes
Pfarrer Marian Rapacz.

Auf dem Platz vor der neuen
Basilika fanden sich am
7. April 2002 auch viele
Fahnengruppen ein.
Es wurde damit der
feierliche Charakter des
Zweiten Ostersonntags
betont.

antwortete ich in Gedanken: Gut, Faustina, du hast mich von weit hergeholt, also tu etwas. Plötzlich hörten meine Schmerzen auf. Ich glaubte nicht an Wunder, deswegen war ich überzeugt, es wären die Auswirkungen eines Nervenzusammenbruchs." Am nächsten Tag verschwand die Schwellung. Maureen hörte auf Medikamente zu nehmen, war jedoch noch immer nicht ganz sicher, ob die Krankheit nun wirklich vorbei war. Erst ein paar Tage später glaubte sie, dass Gott ihr die Genesung geschenkt hatte. Vier Ärzte hatten ihr früher selbstsicher gesagt, dass die Elefantenbeinkrankheit unheilbar ist und dass sie niemals ihren Körper verlassen wird. Und doch war Maureen gesund. Im Jahre 1992 wurde ihre Heilung, die dank der Fürsprache der Schwester Faustina Kowalska erfolgte, vom Stuhl Petri anerkannt.

Der Zustand des kleinen Bobby Digan verbesserte sich für dreieinhalb Jahre erheblich. In dieser Zeit führte der Junge ein nahezu normales Leben. Später verlor er allmählich seine Kraft und die Gesundheit. Im Mai 1991 starb er. „Vor seinem Tod, am Muttertag, umarmte er mich mit seinen mageren Armen und sagte: Mama, Gott wird seinen Sohn, Jesus, schicken um mich bald in den Himmel zu nehmen. Fürchte dich nicht und sei nicht traurig" – erinnert sich Maureen Digan, an die Worte ihres Sohnes. – „Dann rief er seinen Vater und sagte ihm das Gleiche. Wenn man Gott nahe ist, scheint das Leben so anders! Wir wissen, dass aus diesem schmerzlichen Verlust viel Gutes floss und fließen wird. Ich hoffe, dass unser Lebensweg für viele andere Menschen die Quelle der Hoffnung und der Aufmunterung sein wird, besonders für diese, die im Leiden leben. Ich flehe euch an, fallt nicht so tief wie ich. Keine Sünde, selbst wenn man Gott den Zugang zu seinem Leben versperrt, ist so groß, dass Gott sie nicht vergeben würde. Im Sakrament der Beichte wird das größte Wunder vollbracht! – wir finden Friede, Liebe, Freude und Vergebung.

Einer von euch, oder vielleicht werdet ihr alle fragen: wieso sie, und nicht ich oder die Meinen? Nun, ich frage mich selbst: wieso ich und nicht mein Sohn, der Jahre krank war? Unser Herr wählt, wen er will... Das ist die Wahrheit, was wir im „Tagebuch" lesen: *Je größer das Elend, desto größer ist das Recht auf meine Barmherzigkeit"*.

Die Mission der bescheidenen Klosterfrau aus dem Orden der Schwestern der Gottes Mutter der Barmherzigkeit brachte Früchte, die sogar sie selbst nicht vorhergesehen hat. Millionen von Menschen auf der ganzen Welt, ergründeten das Geheimnis der göttlichen Barmherzigkeit und vertrauten Jesus. Auf Grund dessen änderten sie ihr Leben, erhielten Gnade. Zur Heiligenstätte der Barmherzigkeit Gottes in Kraków Łagiewniki fluten immer mehr Briefe aus der ganzen Welt, die Zeugnis geben über Heilungen, Bekehrungen und andere Wunder, die auf die Fürsprache der von Gott Auserwählten stattgefunden hatten.

„Am 16. November 1999 stimmten die Ärzte, die von der Kongregation für Heilige eingeladen wurden ab, dass die Heilung meiner schwer beschädigten linken Herzkammer, medizinisch nicht erklärbar ist. Der Ausschuss der vatikanischen Theologen bestätigte am 9. Dezember, dass dies ein Wunder ist, das der Fürsprache der Schwester Faustina Kowalska zugeschrieben wird. Später fand ein Ausschuss der Kardinäle statt und am 20. Dezember wurde das Dekret über das Wunder in Anwesenheit des Heiligen Vaters Johannes Paul II. verkündet" – schrieb Pfarrer Ronald Pytel.

Seine Großeltern wurden in Polen geboren, er in den USA, wo er 1974 die Priesterweihe empfing. Seit vielen Jahren ist er schon Pfarrer in der Pfarre der Mutter Gottes vom Rosenkranz in Baltimore im Staat Maryland, wo sich die Diözesanheiligenstätte der Barmherzigkeit Gottes befindet. Schon in seiner Kindheit lernte Ronald das Bildnis Jesu mit der Aufschrift „Jesu, ich vertraue Dir" kennen sowie auch die Andacht zur Barmherzigkeit Gottes. Als Seelsorger schließ er sich dann der Verbreitung dieses Kultes ein. Jeden zweiten Sonntag wird in der Kirche des Pfarrers Ronald Pytel seit der Seligsprechung der Schwester Faustina eine feierliche Messe zur Ehrung der Barmherzigkeit Gottes auf Englisch gelesen und jeden dritten Sonntag – auf Polnisch. Jeden Donnerstag beten die Gläubigen die immerwährende Novene zur Barmherzigkeit Gottes. Dieser Kult wird in dieser Pfarre durch die Einkehrtage, Vorlesungen und Pilgerfahrten verbreitet.

Der Pfarrer der Kirche der Mutter Gottes vom Rosenkranz in Baltimore fühlte sich den ganzen Winter 1995 schlecht. Die Symptome deuteten auf eine Allergie oder eine Erkältung, im Endeffekt wurde Bronchitis diagnostiziert. Während der Untersuchung stellte der Arzt fest, dass die Herzgeräusche – die schon in seiner Kindheit aufgetaucht sind – stärker geworden sind. Das Dopplersche Echokardiogram zeigte, dass die verengte Herzklappe der Aorta nur 20% des Blutes durchläßt, was wiederum eine Herzinsuffizienz mit sich bringt. Eine Visite bei dem bekannten Kardiologen Dr. Nicholas Fortuin, der im John Hopkins Spital in Baltimore arbeitete, bestätigte die Diagnose des verengten Herzklappe der Aorta. Der Kranke mußte sich einer schweren Herzoperation unterziehen. Man müsse ihm eine künstliche Herzklappe implantieren. Als er am 14. Juni 1995 ins Spital fuhr, sagte sein bester Freund Pfarrer Larry Gesy zu ihm: Mach dir keine Sorgen Ron, alles hat einen Zusammenhang mit der Barmherzigkeit Gottes. Nach der Operation erklärte ihm der Chirurg Peter Green, dass die verengte Herzklappe, die das Blut nicht ohne Behinderung rinnen ließ, die linke Herzkammer sehr beschädigte. Dieser Zustand behindert die normale Funktion dieses Organs und stellt sogar eine Lebensgefahr da.

„Am 5. Oktober 1995 feierten wir eine ganztägige Andacht vor dem ausgesetzten Allerheiligsten Sakrament. Wir sprachen Gebete zu der Barmherzigkeit Gottes, beteten Rosenkränze und andere Gebete. Der Tag endete mit einer heiligen Messe. All das sollte uns auf die Ankunft des Heiligen Vaters im Baltimore am 8. Oktober 1995 vorbereiten. Ich war der Hauptzelebrant während der heiligen Messe. Bei der Predigt sprach ich über das Vertrauen Gottes und wie mich der Herr mit seiner Barmherzigkeit berührte. An diesem Abend betete eine Gruppe von Menschen für meine Genesung. Sie riefen der Fürsprache der seligen Schwester Faustina auf und ich verehrte ihre Reliquien. Während des Gebetes bin ich auf dem Boden kreuzgelegen. Ich war völlig bei Bewußtsein, aber ich konnte mich nicht bewegen. Ich fühlte mich wie gelähmt, als meine Pfarrgemeinde rund um mich betete. Am späten Abend erinnerte ich mich, dass ich vergaß meine Medikamente zu nehmen. Ich nahm sie um etwa Mitternacht".

Einige Zeit nach dem Einnehmen der Tablette, spürte Pfarrer Ronald Pytel einen ihm bisher unbekannten Schmerz um das Herz. Er nahm an, es wäre die Müdigkeit. In Kürze kam er darauf, dass er diesen Schmerz nach Einnehmen der Tablette verspürte. Er meldete dies dem Arzt, der aber sagte,

Die Stunde der Barmherzigkeit am Sonntag, den 7. April 2002. Feldaltar in Krakau Łagiewniki. *Um drei Uhr flehe um meine Barmherzigkeit, besonders für die Sünder, und durchlebe wenigstens nur für einen kurzen Augenblick mein Leiden.* (Tb. 1320)

Wer an diesem Tag zur Quelle des Lebens kommt, dem wird die Vergebung aller Schulden und Strafen zuteil (Tb. 300) – versprach Herr Jesus. Am 7. April 2002 haben einige zehntausend Menschen die Heilige Kommunion in Łagiewniki empfangen.

es wäre das beste Medikament gegen diese Krankheit und wunderte sich über diese Reaktion des Patienten, der sich bis jetzt nie beschwert hatte. Vorsichtshalber verordnete er aber kleinere Mengen. Der Schmerz beim Patient wurde auch kleiner. Sie verabredeten sich für eine Kontrolluntersuchung. Am 9. November 1995 wurde beim Pfarrer Ronald Pytel ein Dopllerscher Test durchgeführt. Doktor Nicholas Fortuin betrachtete die Ergebnisse lang und konnte es nicht fassen. Er sagte dann: Ron, jemand hat sich für dich eingesetzt. Dein Herz ist gesund. Ich kann es nicht erklären, aber du darfst ab heute ohne Einschränkungen leben und du muß auch keine Medikamente mehr nehmen. Wir treffen uns in einem Jahr bei der Kontrolluntersuchung. Pfarrer Larry Gesy, der über all die Geschehnisse informiert wurde, sagte: „Es ist ein Wunder, um das wir gebetet haben". Dieses Ereignis wurde nach einem Jahr von dem Diözesanauschuss geprüft. Pater Serafin Michalenko, der stellvertretende Postulant der Heiligsprechung von Faustina in den USA übernahm vom Baltimor Tribunal 800 Seiten medizinische Register und 500 Seiten beeideten Dokumente und brachte sie nach Rom. „Ich weiß, die selige Schwester Faustina war meine Fürbitterin bei Jesus. Die Liebe Jesu berührte und heilte mich. Es ist so einfach..." – schrieb Pfarrer Ronald Pytel.

Diese zwei, vom Heiligen Stuhl anerkannten Wunderheilungen, bildeten ein Teil des Beweismaterials im Verfahren der Selig- und der Heiligsprechung der Schwester Maria Faustina Kowalska. Sie sind jedoch ein winziger Teil der riesigen Maschinerie der unzähligen Wunder, die durch die bescheidene polnische Ordensschwester ins Rollen gebracht wurden und drangen in alle Welt vor. Mitte 1997 kam Pamela Angela aus Toronto nach Polen. Im Dezember 1994 wurde bei ihr Brustkrebs diagnostiziert. „Ich saß mit Tränen in den Augen beim Arzt" – die Kanadierin erinnert sich an den schlimmsten Moment in ihrem Leben. „Mein Mann war dabei, hielt meine Hand und hörte der Ärztin zu... Ich sagte damals: Wenn der Herr es von mir will, es soll geschehen." Im Jahr 1995 wurde Pamela operiert. Es war eine schwere Operation, denn man hatte bereits sieben, von der Krankheit angegriffenen Stellen entdeckt. Einen Monat nach diesem Eingriff mußte sie sich einer neunmonatigen Chemotherapie unterziehen. „Etwas früher bekam ich von meiner Freundin Hariette die kleine Broschüre über die Barmherzigkeit Gottes" – erzählt Pamela weiter. „Als ich sehr schwach im Bett lag und nicht in die Kirche gehen konnte, kam sie zu mir und wir redeten über die Schwester Faustina. Ich sagte meiner Freundin, dass ich jetzt ständig Faustinas Kronengebet zur Barmherzigkeit Gottes beten werde, damit seine Fürbitterin für mich vor Gott spricht. Eine Woche nach diesem Gespräch schickte mir Hariette das „Tagebuch" der Schwester Faustina zu. Ich begann es zu lesen und über das Gelesene nachzudenken." Weihnachten 1996 rückte immer näher. Infolge der zu dieser Zeit geführten Untersuchungen wurde festgestellt, dass die Krebskrankheit zurücktritt. Die Ärzte zogen alle Medikamente zurück. „Schwester Faustina ist meine beste Freundin" – sagte die geheilte Kanadierin. „Sie half mir die schwere Krankheit und die darauffolgende schlimme Therapie zu akzeptieren. Die Wunder, dir ich durch das Fürbitten der polnischen Ordensschwester erlebte, näherten mich der Barmherzigkeit Gottes. Dank ihr habe ich gelernt, dass das Leiden eine Gnade Gottes ist. Obwohl die Schmerzen eine solche innere Haltung nicht leicht machen, bemühe ich mich das Leiden mit Freude zu empfangen und ermutige auch dazu kranke, traurige Menschen. Ich überrede sie, das Kronengebet zur Barmherzigkeit Gottes zu sprechen und ich freue mich, wenn ich höre, dass das Gebet vieles in ihrem Leben geändert hatte."

Zehnjähriger Łukasz fiel am 10. Januar 1997 aus dem Dach einer Sporthalle, aus 12 Meter Höhe. Bewußtlos lieferte man ihn ins Krankenhaus wo die Ärzte Schädelbruch, Lungenprellung und die Verletzung vielen inneren Organe diagnostizierten. Auf der Intensivstation sah man keine Überlebenschance. Nur auf den Monitoren konnte man erkennen, das Łukaszs Herz immer noch schlägt. „Ich bin eine gläubige Frau" – sagt die Mutter des Jungen. „Aber was das wirklich bedeutet, verstand ich erst am Krankenbett meines Sohnes. Mit der ganzen seelischen Kraft hatte ich Gott vertraut. (...) Das Bildlein mit der Anschrift „Jesu, ich vertraue Dir" habe ich immer bei mir. Ich fragte den Arzt, ob ich das Bildlein meinem Sohn hinlegen kann. – Ja, selbstverständlich – stimmte er zu. Als ich es unter dem Kopf des Sohnes schob, sagte ich laut zu ihm: Mein Söhnchen, Herr Jesu ist bei dir. Er macht dich wieder gesund. Du wirst leben, du wirst gesund." Als der Krankenhausseelsorger zu Łukasz kam, um ihm die Krankensalbung zu spenden, bat ihn die Mutter mit ihr Faustinas Gebet zur Barmherzigkeit Gottes zu beten. Nach dem Gebet sagte sie zum Priester tief überzeugt: „Hier wird gleich ein Wunder geschehen. Mein Sohn wird leben." Eine ihrer Töchter sagte ihr, sie solle Łukaszs Hand halten. „Ich tat es, und gleich danach verspürte ich, wie der steife Körper erzitterte" – erinnert sich die Mutter. „Meine Töchter und die Ärzte sahen das auch. Aus Łukaszs Mund floss Blut. Es sah schrecklich aus, aber ich war nicht bestürzt. Ich erlebte etwas Merkwürdiges. Ich hatte das Gefühl, als ob eine unsichtbare Hand über seinen Körper vorrücken würde und alles Krankhafte beseitigen würde." Die erste nach dem Unfall durchgeführte Kopftomographie wies ein Blutgeschwulst sowie andere bedrohliche Verletzungen auf. Bei der Kontrolluntersuchung stellte man lediglich eine minimale Quetschung des Gehirngewebe fest. Die Ärzte konnten kaum fassen, dass Łukasz am nächsten Tag Hände und Füße bewegen konnte. Nach vier Wochen konnte er das Krankenhaus verlassen. Er verlor sein Erinnerungsvermögen nicht und konnte sich ganz normal weiter entwickeln. „Ich beschrieb dieses Ereignis" – lesen wir im Brief Łukaszs Mutter – „um noch einmal zu bezeugen, welch große Kraft sich in diesem Bildlein mit der Anschrift „Jesu, ich vertraue Dir" und im Gebet zur Barmherzigkeit Gottes verbirgt.

Um die Barmherzigkeit für die ganze Welt, besonders für die, die fern von Gott bleiben, betet seit Jahren eine Breslauerin. Sie erfuhr persönlich, was die Barmherzigkeit Gottes heißt. Sie ist um die Verbreitung der Barmherzigkeit Gottes bemüht auch darum, weil sie selber keine religiöse Ausbildung bekam. „Groß geworden bin ich in der Nachkriegszeit in den atheistischen Schulen" – schreibt die Niederschlesierin. „Den Glauben und die Kirchenlehre kannte ich nicht besonders gut. Ich hatte auch kein Glück von jemandem über Gott unterrichtet zu werden. Die Erstkommunion empfing ich gleich nach dem Krieg, aber zu der Zeit gab es nicht einmal den Katechismus." Als erwachsene Frau war sie voll mit der Arbeit, mit dem Lernen beschäftigt und ging allen anderen alltäglichen Pflichten nach. Jeden Tag pflegte sie die gelähmte Mutter, die alte Großmutter und kümmerte sich um ihre zwei Kinder. Für ihre eigene körperliche Beschwerden gab es da keinen Platz mehr. Erst als die Blutungen sehr intensiv wurden, meldete sie sich in der Breslauer Klinik. Dort erfuhr sie, dass sie an Krebs leidet und war tief bestürzt. Wer wird sich dann um ihre Familie kümmern – dachte sie. Sie begann intuitiv zu beten für die Genesung oder für den „Umtausch" der Krankheiten – lieber einen Herzinfarkt um für niemanden die Last zu werden. Dann nahm sie die Heilige Schrift in die Hand, die ihr Sohn als Geschenk zur Erstkommunion bekam. Sie öffnete sie an der Seite, wo über die Heilung der Frau, die an die Blutungen litt, geschrieben wurde. „Es ist gerade was für mich" – dachte sie. „Ich las, dass diese Frau den Mantel Jesu berührte und dadurch geheilt wurde. Jesus verspürte dabei, dass eine große Kraft von ihm herauskam. Als ich diese Worte las, verspürte ich auch eine unerklärliche Kraft. Ich fühlte mich plötzlich geheilt. Ab dieser Zeit hörten die Blutungen auf. Ich ging dann nicht mehr zum Arzt, ich hatte Angst vor der Operation und vor Lampen. Ich vertraute ganz dem Willen Gottes. Nach fünf Jahren brauchte ich ein ärztliches Gutachten, um in ein Sanatorium aufgenommen zu werden. Nach der Untersuchung wurde geschrieben, dass mein Gebärorgan keine Krankheitsmerkmale aufweist."

Eine Frau aus Chicago schrieb 1997 nach Łagiewniki über die Genesung ihres Bruders Stanisław. Am 30. Juni 1994 bekam sie eine Nachricht, dass ihr Bruder mit Herzinfarkt ins Krankenhaus eingeliefert wurde. Die Ärzte gaben dem Patienten keine Überlebenschance und bereiteten die Familie auf das Schlimmste vor. Am 2. Juli wurde diese Schlechte Nachricht vom älteren Bruder des Kranken, der ein Priester war, bestätigt. „Nach seinem Telefonat kniete ich vor einem kleinem Bild, das die Barmherzigkeit Gottes darstellte und die Aufschrift „Jesu, ich vertraue Dir" hatte" – erinnerte sich die Schwester des Kranken Stanisław. „Ich begann laut zu beten und zu rufen: Barmherziger Jesu helfe uns! Bevor ich ins Krankenhaus ging, suchte ich die Kirche heim, war beichten und empfing die Heilige Kommunion. Ich betete die Novene zur Barmherzigkeit Gottes und bat die Heilige Faustina um ihre Fürsprache bei Gott, um die Gnade der Genesung für meinen Bruder, der bewußtlos im Krankenhaus lag." Bald traf sich die ganze Familie im Spital in Detroit am Bett des Kranken Stanisław. Sie nahmen jeden Tag an der Heiligen Messe teil, die vom Bruder Władysław, der Priester war, gelesen wurde. Jeden Tag beteten sie auch die Novene zur Barmherzigkeit Gottes aus dem „Tagebuch" der Schwester Faustina. Die Tage vergingen, der Zustand des Kranken blieb unverändert. Die Ärzten überlegten, ob man Stanisław noch weiter künstlich am Leben erhalten sollte. „Wir aber hörten nicht auf zu beten" – schreibt die Schwester des Kranken. „Am 7. Juli zeichnete sich ein Fünkchen Hoffnung, und am 9. Juli besserte sich der Gesundheitszustand meines Bruders deutlich, sodass er aus der Intensivstation entlassen wurde. Am 10. Juli fühlte sich Stanisław mittlerweile so gut, dass er im Krankenzimmer die ganze Familie empfangen konnte. Wir waren mit der ersten Novene noch nicht ganz fertig, doch man konnte bereits sehen, wie sich der Gesundheitszustand des Kranken erheblich besserte." Stanisławs Familie betete weiter. Drei Jahre danach fühlte sich der Patient nach wie vor gut. Alle fingen an zu glauben, dass seine Genesung die Gnade Gottes ist. Sie wurde ihm erwiesen durch das Beten der Novene zur Barmherzigkeit Gottes im Kreis der Familie und dank der Fürsprache der Seligen Schwester Faustina.

J.T., der Mann aus einem Dorf in Kleinpolen, pflückte im September 1997 Äpfel vom Baum. Dabei fiel er von der Leiter auf den Rücken und verletzte sich sehr. Er dachte, dass die Schmerzen vorüber gehen, doch mit der Zeit wurde es immer schlimmer. Die angeordnete Behandlung brachte auch keine Besserung. Dem Mann drohte eine Operation. Während des Besuchs bei seiner Tochter in Krakau, suchte er die Heiligenstätte der Barmherzigkeit Gottes in Łagiewniki heim. Vor dem Gnadenbild Jesu sprach er folgendes Gebet: „Herr Jesu, ich opfere alle meine Schmerzen als das Genugtuung für meine Sünden. Ich beklage mich nicht. Ich nehme sie an und trage sie als mein Kreuz. Ich habe nur Angst vor der schweren Operation. Ich bin 86 Jahre alt, wohne allein am Land und meine Kinder sind in der Stadt. Sie hätten ein Problem, mir entsprechende Pflege zu sichern. Aber, es soll o Herr nicht mein, sondern dein Wille geschehen." Dieser Mann wagte nicht, Gott um die Genesung zu bitten. Er staunte dann umso mehr, als er am nächsten Morgen keine Schmerzen mehr verspürte. Dieser Zustand dauert bereits einige Jahre.

„Ich möchte dem Barmherzigen Jesu für die Gabe der Mutterschaft danken" – schrieb eine Frau aus der Region Rzeszów an den Orden der Barmherzigen Schwestern der Mutter Gottes. Sie war im vierten Monat schwanger, als sie mit akuten Schmerzen in den Knochen Anfang November 1989 nach Rzeszów ins Krankenhaus in der Lwowskastraße gebracht wurde. Die Untersuchungen befanden eine große Menge Eiweiß im Harn der Patientin. Sie war in sehr schlechtem Zustand. Beide Nieren wurden angegriffen, sie hatte Flüssigkeit im Rippenfell und man hatte eine Vergrößerung der Leber festgestellt. Die Ärzte verordneten der Patientin noch eine spezielle Untersuchung im Krankenhaus in der Szopenstr. Aufgrund der Ergebnisse wurde ihr die Abtreibung vorgeschlagen. Die Krankheit bedrohte das Leben der Patientin, doch solange sie schwanger war, konnte man sie nicht pharmakologisch behandeln. Die Frau jedoch lehnte die Abtreibung ab und wurde zurück ins Krankenhaus in der Lwowskastr. gebracht, wo die Ärzte einen Kampf um das Leben der werdenden Mutter begannen. Sie konnten aber nicht versprechen, dass sie auch das Leben des Kindes retten werden können. Der Zustand der Patientin wurde allmählich besser. Die Frauenärzte waren jedoch überzeugt, dass sie nicht imstande sein werden das Kind am Leben zu erhalten. Sie irrten sich aber gewaltig. Die kranke Frau hatte am 18. April ihren Sohn Łukasz zur Welt gebracht. Das Kind war gesund, und die darauffolgenden nephrologischen Untersuchungen ergaben, dass auch die Mutter bereits außer Lebensgefahr ist. „Ich wußte von Anfang an, dass nichts Schlimmes passieren wird, da ich dem Barmherzigen Jesu vertraute" – schrieb diese Frau in ihrem Brief an die Ordensschwestern in Łagiewniki. „Ich verteidigte dieses in mir wachsende Leben und ich wußte, dass mir Jesus und die Heiligste Mutter dabei helfen werden. Als ich im Krankenhaus auf der Station der Schwangerschaftspathologie lag, wurde dorthin eine Frau mit sehr hohem Blutdruck gebracht, der wiederum eine Frühgeburt im sechsten Monat verursachen konnte. Ich gab ihr das Büchlein „Die Novene zur Barmherzigkeit Gottes" und sagte, sie solle dieses Gebet beten. Diese Frau konnte die Schwangerschaft austragen, das Kind kam gesund zur Welt. Denn alles liegt in Gottes Hand."

Die Engländerin Jean erlitt am 21. Februar 1995 eine Fehlgeburt. Die Ärzte konnten sich das nicht erklären und, was noch schlimmer war, hatten sie auch vermutet, dass diese Frau keine Kinder mehr kriegen wird. Jeans Familie nahm kurz danach, am 14. April an der Andacht zur Barmherzigkeit Gottes teil. Sie selbst betete um 15 Uhr dieses Tages inbrünstig zu Gott um die Gnade der Mutterschaft. Einige Wochen später war sie schwanger und am 23. Dezember 1995, im Alter von 42 Jahren brachte sie einen gesunden Mikołaj Józef zur Welt. Seine Geburt wurde von der Familie als Wunder betrachtet. Es war ein besonderes Geschenk, denn auch die nächste Schwangerschaft Jeans endete in einer Fehlgeburt.

Jolanta und Piotr aus Australien hatten im Dezember 1996 erfahren, dass ihre Tochter ein Kind erwartet. Dieses Glück wurde jedoch durch eine schlimme Gewissheit getrübt. Die werdende Mutter hatte neulich einen Sonnenstich erlitten, der für ein Kind im Mutterleib ein großes Risiko darstellt. Drei Fachärzte hatten infolge der Untersuchungen zwei Blutgeschwulste im Gehirn des Kindes festgestellt. Diese konnten sowohl das Gehirn als auch andere Organe beschädigen. Man hat auch prognostiziert, dass das Kind schwer behindert auf die Welt kommen wird und nicht länger als ein Jahr leben wird. Die Ärzte hatten eine Abtreibung empfohlen. Die jungen werdenden Eltern, unterstützt von ihrer Familie, trafen die Entscheidung – Gott schenkte ihnen das Kind und somit plant Er etwas mit ihnen. Das Kind soll das Licht der Welt erblicken. Die ganze Familie samt Freunden begann die immerwährende Novene zur Barmherzigkeit Gottes unter der Fürsprache der Seligen Schwester Faustina zu beten. Am 13. Juli wurde die sehnlich erwartete Rachela geboren. Sie kam früher als erwartet, hatte Untergewicht, aber sie war gesund. Die Ärzte waren erstaunt. Keine Deformationen, keine Beschädigung der inneren Organe. Nach eineinhalb Jahren, als die Großeltern Rachelas sich entschlossen über dieses wunderbare Ereignis nach Łagiewniki zu schreiben, begeisterte das kleine Mädchen bereits mit ihrer Intelligenz. Sie versprachen, sie werden mit der Danksagung für dieses Wunder der Barmherzigkeit Gottes nie aufhören.

„Ich bin 57 Jahre alt, verheiratet, habe sechs erwachsene Kinder. Seit fünf Jahren bin ich ein Pensionist" – lesen wir im nächsten Brief. „Ein großes Problem stellte für mich die schädliche Gewohnheit des Rauchens dar. Die Ärzte warnten mich vielmals, ich solle mit dem Rauchen aufhören. Ich versuchte es mehrmals, aber ohne Erfolg." Im Advent 1997 hatte es dieser Mann etwa zwei Tage ohne Zigaretten ausgehalten. Im Februar 1998 wagte er die nächste Probe. Diesmal zählte er nicht nur auf sich selbst. Er bat die Barmherzigkeit Gottes unter der Fürsprache der Schwester Faustina um Hilfe, mit dem Rauchen ab Aschermittwoch aufhören zu können. Er betete die Novene. Am Aschermittwoch hatte er keine einzige Zigarette geraucht und diesmal besiegte er seine Sucht, wie man nach einem Jahr feststellen konnte. „Ich möchte der Barmherzigkeit Gottes und der Schwester Faustina für die Anregung danken, dass ich mich mit meinem Problem zu der Apostolin der Barmherzigkeit wenden konnte. Ohne ihre Fürsprache hätte ich mich nie von meiner Sucht trennen können. Diese Gnade hatte nicht nur mein Leben leichter gemacht, sie gab mir auch Zuversicht, auch meine Bitten werden von Gott erhört."

Noch in den 70. Jahren, als er ein Technikum besuchte, sah er zum ersten mal das Bildnis des Barmherzigen Jesu in der Kirche der Mutter Gottes Siegerin in Warschau Kamionek. Er bekam mit, dass dieses „eigenartige Bild" von den Gläubigen sehr verehrt wird. Nach der Kriegsrecht-Zeit in der 80. Jahren bekam er von einer Bekannten das „Tagebuch" der Schwester Faustina. Die Geschenkgeberin war eine Frau, die von einer eifrigen Parteigenossin plötzlich zu einer Frömmlerin wurde. Diese Tatsache hatte es vielleicht bewirkt, dass er das Tagebuch oberflächlich las. Zu einer tieferen Analyse dieser mystischen Lektüre kam erst später die Zeit. Die Worte der einfachen Ordensschwester machten auf dem Warschauer großen Eindruck. Seine „Sonntagsfrömmigkeit" in der er erzogen wurde, begann sich zu entwickeln. „Diese Entdeckung, dass unser Herr so ‚unwahrscheinlich' grenzenlos in seine Geschöpfe verliebt ist, bewirkte meine Bekehrung" – schreibt der Mann aus Warschau.

„In meinem Leben gab es seit einigen Jahren keine Beichte, meine Ehe wurde mit der Zeit immer schlechter... Ermutigt durch die Versprechen Jesu, die er durch seine Apostolin an die Menschen weiter gab, begann ich meinen Glaube immer bewußter zu leben. Ich bemühte mich um die Vertiefung meines Glaubens und auch die Sakramente öfter zu empfangen. Ich bemühe mich das Gebet zur Barmherzigkeit Gottes jeden Tag zu beten. Das Warschauer Radio „Józef" sendet täglich um 15 Uhr aus der Warschauer Kapelle der Schwestern der Mutter Gottes der Barmherzigkeit das Gebet in der Stunde der Barmherzigkeit. Wenn es mir nur möglich ist, unterbreche ich um diese Zeit meine berufliche Tätigkeit, und bete mit meiner Arbeitskollegin mit. Das Gebet zur Barmherzigkeit Gottes wurde zu unserem Familiengebet, besonders am Samstag und Sonntag, wenn die ganze Familie zu Hause ist. Wir nehmen auch jedes Jahr an dem Fest der Barmherzigkeit Gottes in der Kapelle der Ordensschwestern teil. 5. Oktober, der Tag an dem die Schwester Faustina für den Himmel geboren wurde, ist unser Famielienfeiertag. Es ist schwer in ein paar Sätzen zu erklären, wie sehr die Barmherzigkeit Gottes mein Leben und das Leben meiner Familie geändert hat. Dank der Schwester Faustina und ihrer Fürsprache bin ich ein neuer Mensch geworden. Ich möchte Herrn Jesu und seiner seligen Apostolin öffentlich danken für die Gnade des Glaubens, für meine Familie, für meine tolle Frau und für meine drei guten und klugen Kinder, für die Arbeit, für den Studienabschluß, für die Gesundheit und für all die Gaben, die uns der liebe Gott jeden Tag schenkt."

Unter vielen Schwerkranken im Hospiz befand sich eine achtzigjährige Frau, die Zeugin Jehovas war. Ein katholischer Seelsorger, der sich um die Patienten kümmerte, besuchte auch sie. Die Frau erwies sich als Offene und wollte mit dem Priester sprechen. Ehrlich gestand sie, dass sie mit ihrem Mann vor einigen Jahren aus der katholischen Kirche austritt, weil ein Priester sie schwer enttäuscht hat. Im nächsten Gespräch sprach sie mit dem Seelsorger über die Wahrheit Gottes, sie nahm Frohbotschaft an. Zum Schluß sagte der Priester zu ihr: Körperlich sind Sie bei den Zeugen Jehovas, geistlich jedoch in der katholischen Kirche. Die Zerrissenheit dieser Frau war offensichtlich. Zum Abschluß gab ihr der Priester das Bildlein des Barmherzigen Jesu, das sie mit der Dankbarkeit annahm. Der Seelsorger erfuhr drei Tage später, dass diese

Frau im Sterben liegt. Er ging mit der letzten Ölung ins Hospiz und er spendete der Frau auch das Sterbesakrament und betete das Kronengebet zur Barmherzigkeit Gottes. Er wußte, sie wartete auf ihn. Sie starb versöhnt mit Gott. Am Sterbebett kam sie in die katholische Kirche zurück.

„Der Vater meiner Freundin" – schreibt Gabriella aus Padua – „war an der Lunge schwer krebskrank, lag im Koma im Krankenhaus. Um etwa 15 Uhr begann ich mit seiner Tochter das Kronengebet zur Barmherzigkeit Gottes für ihn zu beten. Das Gebet brachte mir ein polnischer Franziskanerpater bei. Ich betete sehr inbrünstig, denn ich wußte, dieser Mann war seit langem nicht mehr beichten gegangen. Zu unserem Erstaunen wachte plötzlich der Vater meiner Freundin auf und zeichnete das Kreuzzeichen. Gleichzeitig gab er mir ein Zeichen, ich solle zu ihm kommen. Er sagte, seine Tochter soll aus dem Krankenzimmer raus gehen, denn er will vor mir die Beichte ablegen. Ich sagte, ich rufe einen Priester, denn ich darf keine Beichte hören. Ich mußte meine Freundin aus dem Zimmer holen. Ihr Vater bestand hart darauf. Ich war sehr verlegen und wiederholte mehrmals, dass ich ihm keine Absolution erteilen kann. Gleich, nachdem er mit seiner Beichte fertig war, rannte ich schnell aus dem Zimmer und rief einen bekannten Franziskanerpater an." Der schwerkranke Mann wollte dann auch eine richtige Beichte ablegen. Danach bedankte er sich bei seiner Tochter, ihrer Freundin und dem Priester. Er starb nach drei Tagen. „Ich lege dieses Zeugnis ab, um die Wirkung des Kronengebets zur Barmherzigkeit Gottes, besonders für die Sterbenden zu bestätigen" – schrieb Gabriella.

Wie ein unvorhersehbares Kaleidoskop, in dem sich die Farben und Formen ständig ändern, so ähnlich war auch das Leben von Helena Kowalska – der Schwester Maria Faustina vom Allerheiligsten Sakrament. Die kindliche Unbekümmertheit, die Freude, das Lachen und die Heiterkeit flechten sich mit den unerklärlichen Visionen, mit den Träumen und mit dem allgegenwärtigen Gebetsgeist zusammen. Die Bodenständigkeit und das alltägliche Geschehen, dazu ein Kontakt zu den Heiligen und zu den Seelen im Fegefeuer. Ein Moment des Leidens – dann wieder ein trostvolles Herz. Der Schmerz und die Krankheit wechselten stets einander mit Entzückung und Begeisterung ab. Die unvorstellbare Nähe Gottes und seiner Gnade, dann wieder das Empfinden der eigenen Winzigkeit bis zum letzten Elend. Man konnte glauben, es handelt sich dabei um die hysterischen Einbildungen und Erfindungen einer psychisch labilen jungen Person, die damit auf sich aufmerksam machen will. Dennoch kann man dem nicht zustimmen. „Das Tagebuch. Barmherzigkeit Gottes in meiner Seele", geschrieben in den Jahren 1934-1938 von der polnischen Mystikerin, Schwester Faustina Kowalska bestreitet dies kräftig. Auch die Menschen, die sie kannten vermitteln ein ganz anderes Bild von Faustina. All die Güte des einfaches Dorfmädchens, ihre Geduld und die Sorge um die Nächsten, große Demut und die Annahme sowohl der körperlichen als auch der psychischen Schmerzen zeichnen eine völlig andere Person aus. Diese unscheinbare Klosterfrau überrascht uns und versetzt uns bei näherer Betrachtung in Staunen. Ihre Erlebnisse und Empfindungen zeigen deutlich, dass die Wahrheit über das arme polnische Mädchen hinreißender und sensationeller ist, als alle Geschichten, die jemals in der Fantasie der Menschen entstanden sind.

Es bedarf einer großen intellektuellen Anstrengung, eines Fingerspitzengefühls und einer Empfindlichkeit um das Unfaßbare zu verstehen, das Unsichtbare zu sehen, das Unhörbare zu hören und sich das Unvorstellbare vorzustellen und dabei nicht einer Bigotterie oder einer schädlichen Abgötterei zu verfallen. An der Schwelle des dritten Jahrtausends betrachten wir näher diese Frau, die all die schwierigen Prüfungen bereits hinter sich hat und sie alle gut gemeistert hatte. Wir sollen sie aber nicht nur als eine Heilige betrachten – die Reine, die Auserwählte, die mit Gnade beschenkte, eine, die selbstsicher und ohne Zögern ihr Ziel verfolgte. Schauen wir eine andere Faustina an – eine Unsichere, die nicht mehr weiß, ob sie Recht hat und an ihre Visionen zweifelt, eine menschlich Einsame, eine Demutsvolle, eine Erschrockene, eine Gehorsame, eine Verspottete, eine Unverstandene. Versuchen wir in Schwester Faustina die Helena Kowalska zu sehen. Es ist kein Zufall... Dieses aus einem Dorf bei Łódź stammende Dienstmädchen ohne Bildung Helena Kowalska, bei dem scheinbar alles im Wege stand um ein Jemand im Leben zu werden – ein Jemand geworden ist...

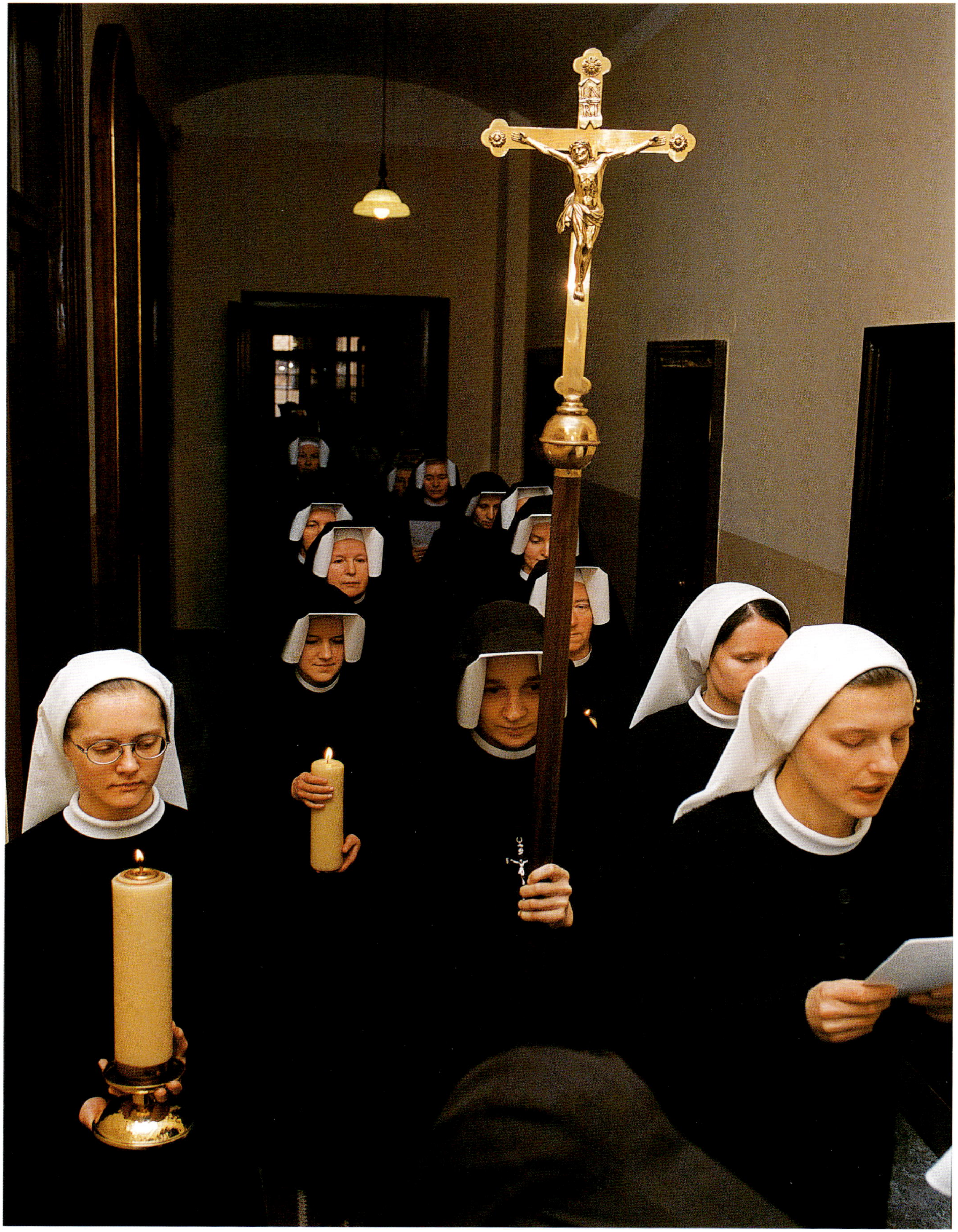

Nichts Vielversprechendes

Es war ein warmer Mittag im Juli. An der Pforte des Ordens der Schwestern der Mutter Gottes der Barmherzigkeit in Warschau klopfte ein armes Mädchen. Sie wollte dort ein Leben als Klosterfrau beginnen. Die zu ihr geschickte Mutter Małgorzata Gimbutt, die spätere Meisterin des Noviziats, kehrte nach kurzer Zeit zurück und meinte: Tja, es hat sich so ein armseliges, schwaches, armes Mädchen ohne jegliche Ausstrahlung gemeldet, nichts Vielversprechendes". Schwester Borgia Tichy, Krankenschwester und spätere Vorgesetzte von Helena Kowalska in Wilna, erinnert sich, dass die Mutter Oberin Leonarda Cielecka nach solch einer Empfehlung die Gekommene endgültig abweisen wollte. Sie ging jedoch auf den Vorschlag der Mutter Michaela Moraczewska, der Priorin des Warschauer Hauses, ein die selber mit der neuen Kandidatin sprechen wollte. Während dieses Treffens wurde die Klosterfrau von dem freundlichen Lächeln und dem angenehmen und warmen Gesichtsausdruck des unscheinbaren und etwas ungepflegten Mädchens begeistert. „Jawohl, ein armseliges, aber nettes und gutes Mädchen" – dachte Mutter Michaela und sagte ihr danach sie solle zum Herren des Hauses gehen und ihn fragen, ob er sie aufnehmen würde. „Ich verstand gleich, dass ich Herrn Jesu fragen muss" – lesen wir in dem einige Jahre später verfassten „Tagebuch". „Ich ging mit großer Freude zur Kapelle und fragte Jesus: Herr dieses Hauses, nimmst Du mich auf? (...) Und gleich hörte ich diese Stimme: *Ich nehme Dich auf, Du bist in meinem Herzen.* Als ich von der Kapelle wiederkehrte, fragte mich die Mutter Priorin: Und, hat Dich der Herr aufgenommen? – Ich antwortete. Ja. – Wenn der Herr dich aufgenommen hat, so nehme auch ich dich auf" (Tb. 14).

Ein Problem stellte jedoch keine eigene Mitgift, die Helena in den Orden mitbringen sollte. Als die Mutter Michaela Moraczewska über Helenas Visionen und Kontakte mit dem Herrn Jesus erfuhr, die ihr das vertrauensvolle und ehrliche Mädchen anvertraute, können wir annehmen, dass diese erfahrene und sehr weise Klosterfrau ihr eine Chance geben wollte. Sie wollte die Berufung dieser jungen Person prüfen, sie reifen und stärken lassen. Tatsache ist, dass sie dem jungen Mädchen anbot, ein Jahr lang zu arbeiten um das notwendige Geld für die Mitgift zu verdienen. Sie solle sich danach wiederum melden. Wie überrascht war die Mutter Priorin, als die Kandidatin nach einigen Wochen, die ersten sechzig Zloty an die Pforte brachte. Die Monate vergingen und sie vermehrte diese Summe systematisch, bis sie die nötigten paar hundert Zloty hatte. Am 1. August 1925, am Vorabend des Festes Mutter Gottes Königin der Engel, stand an der Pforte des Hauses in der Żytniastrasse 3/9 in Warschau Helena Kowalska, wiederum um die Aufnahme bittend. Diesmal verwies man sie nicht und sie blieb im Kloster.

Die Prozession der Ordensschwestern eröffnete das Fest des Ablegens des ewigen Gelübdes am 2. Februar 2002.

Auf der nächsten Seite: In der Pfarrkirche in Świnice Warckie reifte die Heiligkeit der kleinen Helenka Kowalska. Sie besuchte dieses Gotteshaus als Ordensschwester im Februar 1935. „Wie gut konnte ich in dieser Kirche beten! Ich erinnerte mich an all die Gnaden, die ich an diesem Ort erhalten hatte" (Tb. 400).

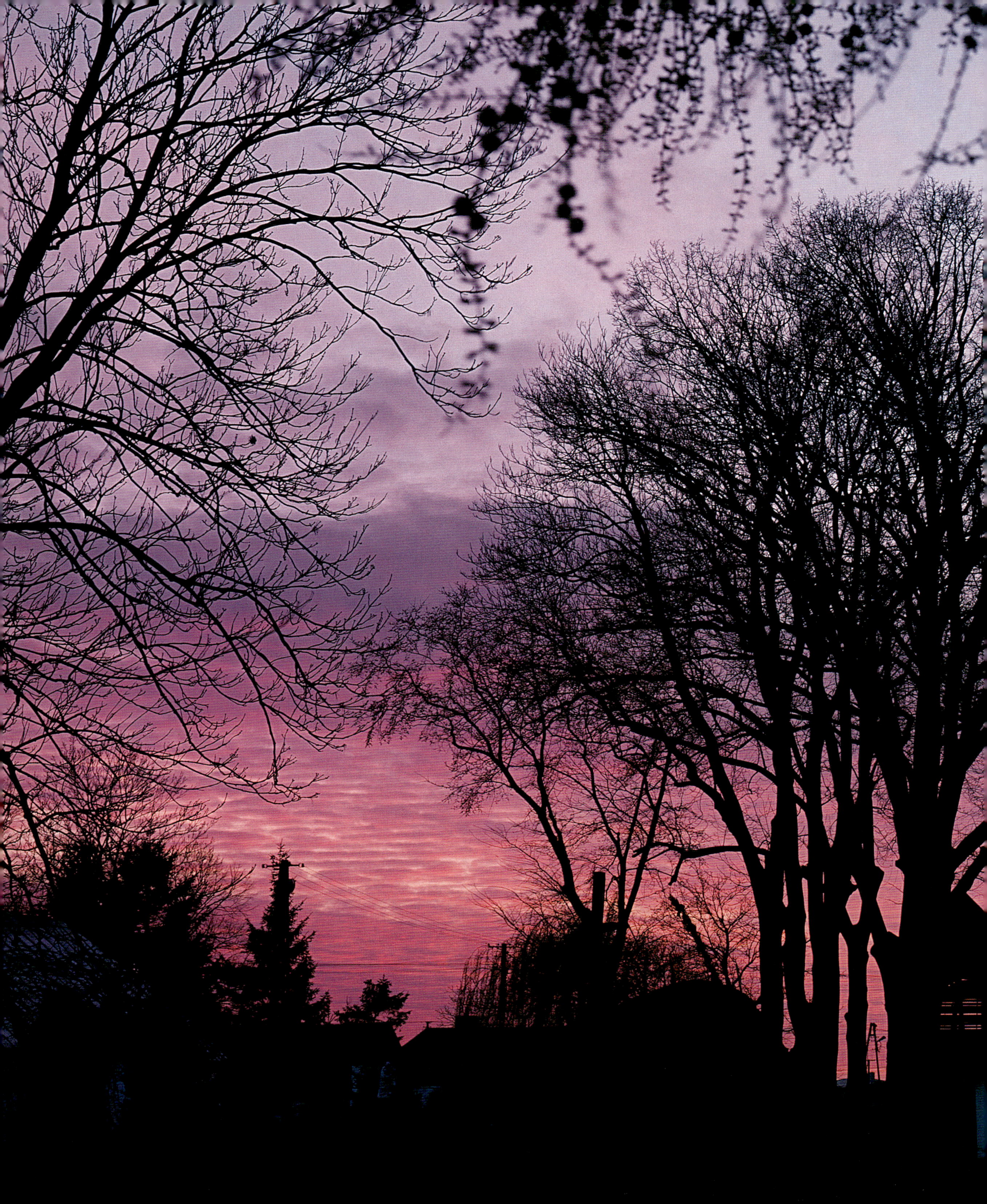

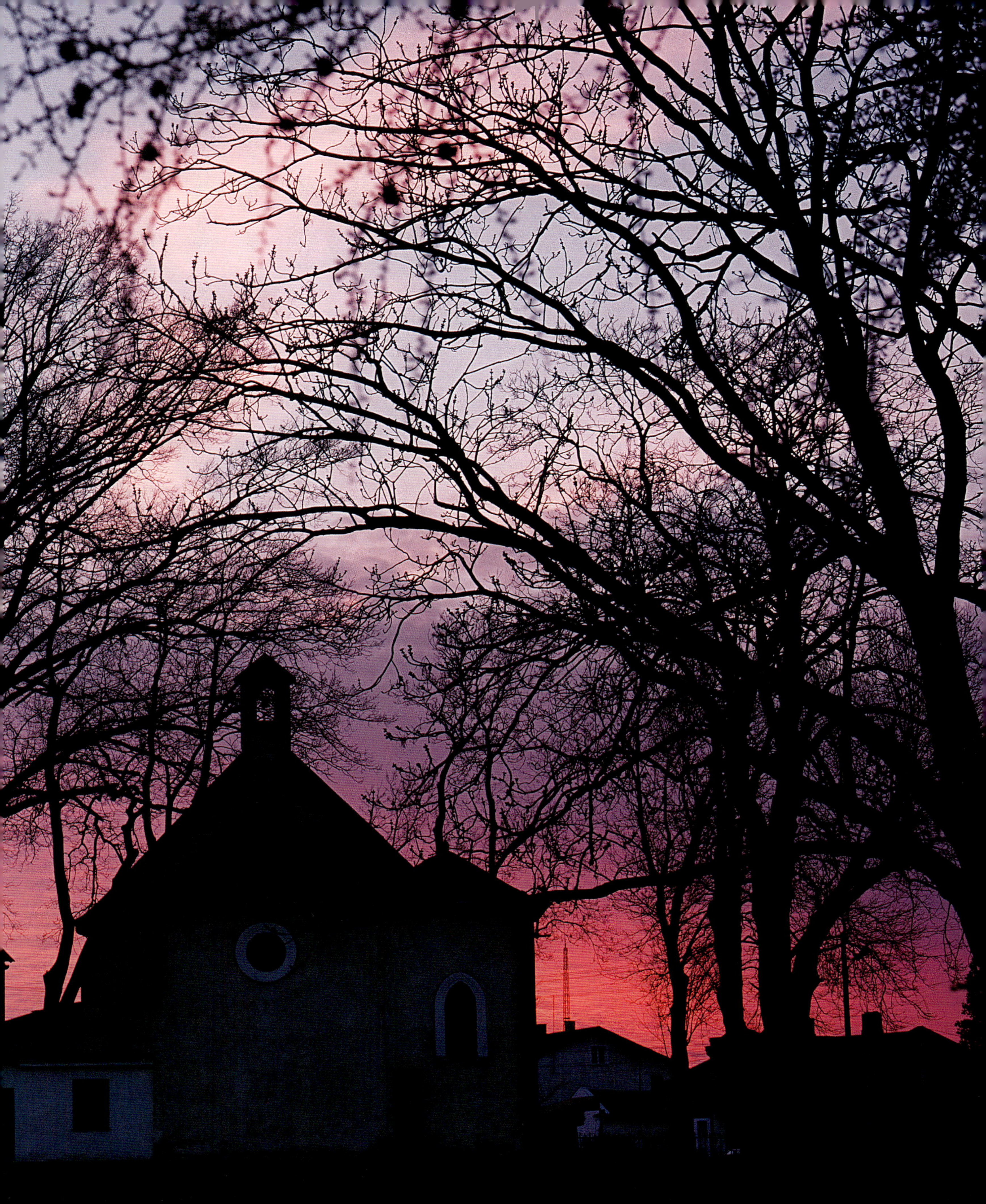

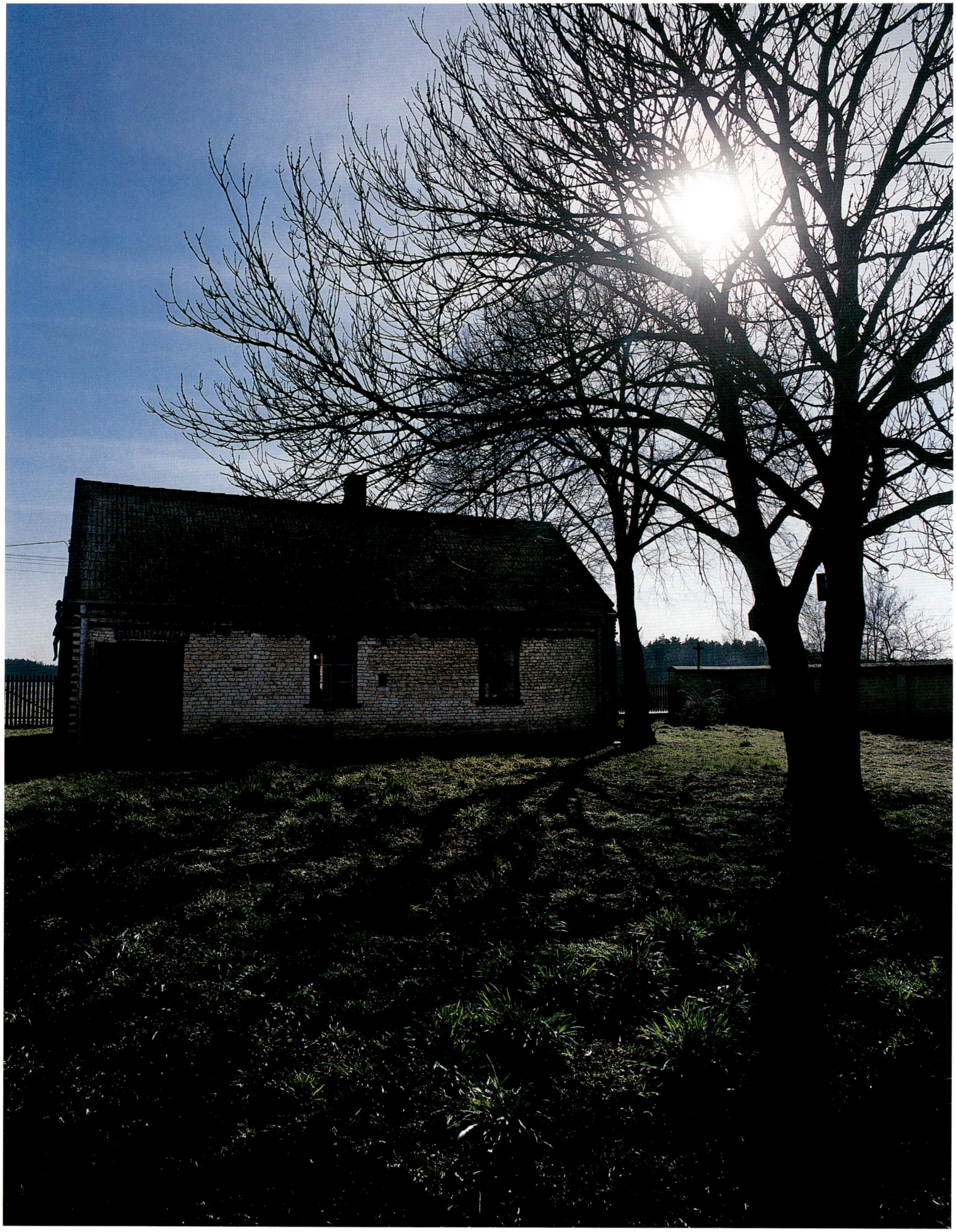

Die Kindheit

Faustina wurde am 25. August 1905 in Głogowiec geboren, 50 km von Łódź entfernt. Zwei Tage später taufte sie Pfarrer Josef Chodyński von der der Pfarre des Hl. Kazimierz in Świnice Warckie, auf den Namen Helena. Sie war das dritte Kind von Marianne, aus dem Hause Babel, die am 8. März 1875 in Mniew geboren wurde und von Stanisław Kowalski, der am 6. Mai 1868 in Zagórze auf die Welt kam. Die Eltern heirateten am 28. Oktober 1892 in Dąbie. Im Familienhaus der Braut wurde ein bescheidenes Hochzeitsmal gefeiert. Die Neuvermählten ließen sich in Głogowiec nieder. Das Heimatdorf von Helena liegt auf einem weiten, sandigen, von Roggen und dünnen Wiesen bewachsenen Flachland, das sich bis hin an den Fichtenwald zieht. Dort eben, zwischen den anderen zerstreut liegenden oder der Dorfstrasse entlang stehenden Bauernhäusern, kauften sich die Kowalskis ein altes Haus und ein bißchen Grund. Im Jahr 1900 bauten sie ein neues Haus. Es war nicht groß, aber solide aus Stein und Ziegel. Drinnen befand sich eine Küche, eine Stube, eine kleine Tischlerwerkstatt und eine Diele über die man zum Stall ging. Den wichtigsten Platz der von allen Familienmitgliedern bewohnten Stube bildete ein kleiner Altar. Vor dem Haus wuchs ein Birnbaum auf dem eine Miniaturkapelle aufgehängt wurde.

Von Anfang an ging es der Familie Kowalski finanziell nicht gut. Es war eben sehr schwer mit drei Hektar sandiger Erde und zwei Hektar Wiese eine Familie zu erhalten. Stanisław arbeitete am Tag zusätzlich als Zimmermann. Spät am Nachmittag und sogar in der Nacht bewirtschaftete er seinen kleinen Bauernhof, versorgte ein paar Kühe und bebaute seinen schlechten Ackerboden. Dabei half ihm seine tüchtige Frau. Sie war einerseits fleißig, kräftig und ausdauernd und andererseits sanft, geduldig und gütig. Sie kümmerte sich mit großer Sorgfalt um das Haus, in dem es immer sehr sauber war, und natürlich auch um ihren Mann, dem sie immer das Mittagessen brachte, wenn er auswärts arbeitete. Sie führten eine gute, harmonische Ehe, nur auf den Nachwuchs mußten sie zehn lange Jahre warten. Sie begannen sich bereits Sorgen zu machen, dass in ihrem Haus kein fröhliches Kindergelächter zu hören sein wird und dass sie ihren Lebensabend allein verbringen werden. Doch dieses fromme, fleißige und anständige Ehepaar bekam letztendlich die lang ersehnten Kinder, insgesamt zehn. Die älteste Tochter Józefa kam 1902 auf die Welt. Nach ihr wurden geboren: Ewa (zu Hause Gienia genannt), Helena, Kazimiera, Natalia, Bronisława, Stanisław, Mieczysław, Lucyna (genannt Maria) und Wanda. Die ersten zwei Geburten waren für Marianna Kowalska sehr schwer. Sie wäre fast dabei gestorben. Als sie dann mit 30 Jahren das nächste Kind erwartete, war sie in großer Sorge. Helena kam jedoch ohne jegliche Komplikationen auf die Welt, ähnlich wie ihre sieben anderen Geschwister. Marianna sagte dann später über ihrer Tochter Helena: „Das gesegnete Kind hatte mein Mutterleib geheiligt".

Nach diesem ersten Signal der Gnade Gottes kamen die nächsten Nachrichten, die bestätigen sollten, dass Gott diese Tochter der armen Bauern

Die Eltern Helenas kauften sich damals ein altes Haus und ein bißchen Grund. Im Jahr 1900 bauten sie ein neues Haus, nicht groß, aber solide. Nach der Renovierung sieht es heute wieder so aus, wie am Anfang des 20. Jhs. Auf dem Birnbaum, der vor dem Haus wächst, hängt bis heute die Miniaturkapelle, vor der die kleine Helena betete.

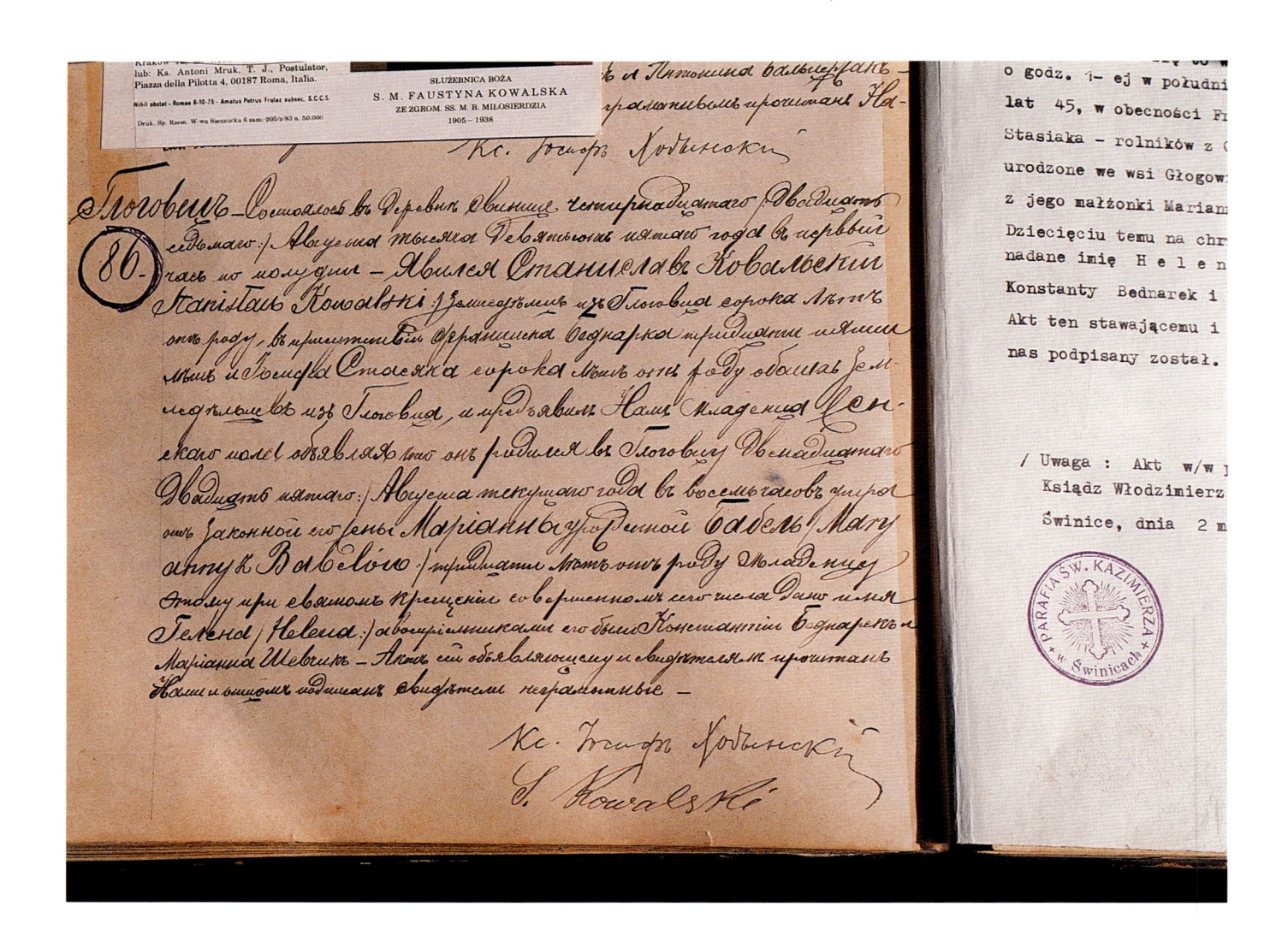

Die Eintragung im Pfarrbuch der Hl. Kasimir-Pfarre in Świnice Wielkie über die Taufe von Helena Kowalska. Die Taufpatin war Marianna Szewczyk (verehelichte Szczepaniak) und der Taufpate Konstanty Bednarek. Der Taufschein wurde auf Russisch ausgestellt.

Stanisław Kowalski wurde am 6. Mai 1868 geboren und starb am 10. Juli 1946. Er stammte aus einem Teil von Świnice Warckie, der Zagórze hieß und arbeitete in einer Brauerei in Dąbie an der Ner. In Dąbie lernte er Marianna Babel kennen. Faustinas Vater lebte 78 Jahre lang.

Marianna Kowalska, geb. Babel wurde am 8. März 1875 in Mniew geboren und lebte 90 Jahre lang. Sie war ein Einzelkind. Marianna war eine sehr fleißige, gutmütige und geduldige Frau und hatte sich liebevoll um ihre zehn Kinder gekümmert. Sie hatte sie gut erzogen und lehrte ihnen den Glauben.

aus Głogowiec auserwählt hat. Die fünfjährige Helena baute sich kleine Altäre, während andere Kinder Spielzeuge bastelten. Sie erzählte ihren Schwestern und Brüdern ihre Träume, in denen sie die Mutter Gottes in einem schönen Garten sah. Sie versicherte ihren Schwestern und Brüdern, dass sie sich irgendwann den „Pilgern" (wie sie die im Wald lebenden Einsiedler nannte), die Beeren und Würzelchen essen anschließen werde. Sie kannte sie aus den zu Hause gelesenen Büchern und intuitiv brachte sie ihre Lebensweise mit dem Leben für Gott in Verbindung. In der Nähe gab es kein Kloster. Helena kannte keine Ordensleute, konnte also weder über ihre Berufung noch über ihre Tätigkeit etwas wissen. Sie war sich aber sicher, dass sie ihr Leben Gott opfern will. „Schon als Kind wollte ich immer eine große Heilige werden" – lesen wir in ihrem „Tagebuch" (1372) nach. An ihre erste Offenbarung während der Kindheit erinnerte sie sich folgendermaßen: „Ich war sieben Jahre alt. Während der Vesper, als Herr Jesu in der Monstranz ausgesetzt war, wurde mir das erste mal die Liebe Gottes erteilt. Sie erfüllte mein ganzes Herz. Der Herr erteilte mir auch das Verständnis über das Werk Gottes. Von diesem Tag an bis heute wächst meine Liebe zum verborgenen Gott bis zu der engsten Vertraulichkeit. Die ganze Kraft meiner Seele kommt vom Allerheiligsten Sakrament. Meine ganze Freizeit verbringe ich im Gespräch mit Ihm. Er ist mein Meister" (Tb. 1404). Sie hatte ihre Berufung zu einem vollkommenen Leben fehlerfrei erkannt. Sie schreibt aber: „Ich traf jedoch keinen, der mir diese Sachen erklären konnte" (Tb. 7). Sie mußte sich auf ihre eigene, kindliche Intuition verlassen.

Marianna mahnte ihre spät in der Nacht betende Tochter oft. Sie wollte sie in Schrecken versetzen indem sie sagte, dass Helenka von lauter Beten noch wahnsinnig wird. Die Tochter sagte dann immer, der Schutzengel ließe sie aufwachen und verleitete zum Gebet. Wenn sie manchmal nicht zur Heiligen Messe gehen konnte, weil sie ihre Kleider mit den Schwestern teilen mußte, versteckte sie sich dann immer in einem Schlupfwinkel im Haus oder im Garten und reagierte nicht einmal auf die Rufe ihrer Mutter. „Sie nahm ein Gebetbuch mit und ging irgendwo in ein Eck um alle Gebete zu lesen' – erinnert sich Marianna Kowalska. „Manchmal ärgerte ich mich, aber Helenka sagte dann immer gütig zu mir: Mutti, ärgere dich nicht, denn Herr Jesus würde sich noch mehr ärgern, wenn ich das nicht getan hätte".

Für das Mädchen war ihr Vater das Vorbild der Frömmigkeit. In der Früh jedes Morgens sang er, ungeachtet auf die noch schlafende Familie, laut das Stundengebet, das Lied „Wenn die Morgenröte auf den Himmel kommen" oder in der Fastenzeit „Die Klagelieder". Wenn seine Frau ihm deswegen Vorwürfe machte, erwiderte er, er solle für die Kinder mit gutem Beispiel voran gehen und am Beginn des Tages zuerst Gott huldigen. Der Glaube spielte im Familienleben der Kowalskis eine bedeutende Rolle. Marianna, obwohl sie weder schreiben noch lesen konnte, brachte ihren Kindern die Prinzipien des christlichen Lebens bei, vor allem die Nächstenliebe, die im Alltag respektiert werden sollte. Stanisław ging mit dem Beispiel des täglichen Gebets und des Kommen zur sonntäglichen Heiligen Messe voran. Beide lehrten ihre Töchter und Söhne die christliche Moral und verlangten Respekt Gott gegenüber.

Helenas Geschichten vom „großen Schein" hatten sie aber nachsichtig abgetan. „Sie war auserwählt und das beste Kind von allen" – erinnert sich ihre Mutter. „Seit ihrer Kindheit hatte sie Visionen, Träume, sah etwas, worauf ich

Das Heimatdorf von Helena liegt auf einem weiten, sandigen, von Roggen und dünnen Wiesen bewachsenen Flachland, das sich bis hin an den malerischen Fichtenwald zieht, in dem auch manche Laubbäume wachsen.

Im Haus der Familie Kowalski, das aus Stein und Ziegeln gebaut wurde, befand sich auch eine kleine Tischlerwerkstatt. Faustinas Vater war nicht nur ein Kleinbauer, sondern auch Zimmermann.

Die Küche und die Stube im Elternhaus der Schwester Faustina. Heute befindet sich dort das Museum der Heiligen.

Auf der Nebenseite: Obwohl der Boden hier unfruchtbar ist, ist die Landschaft um das Heimatdorf der Heiligen aus Głogowiec sehr malerisch.

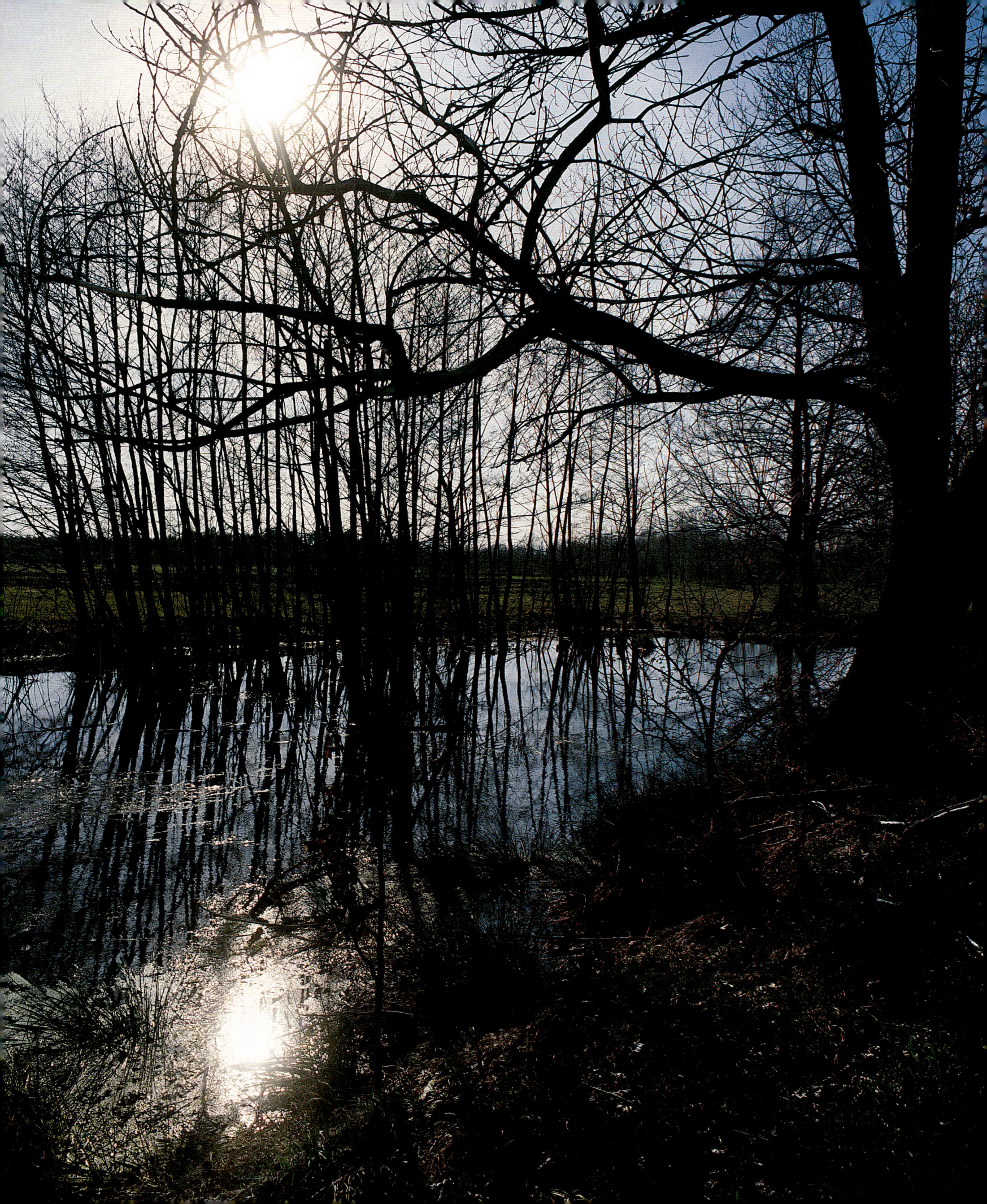

JEZU
UFAM TOBIE
RODZINA KOWALSKICH

"Dziś
wysyłam ciebie
do całej ludzkości
z Moim miłosierdziem"
Dz 1588

aber immer sagte: Was du da alles erzählst, du behauptest immer etwas zu sehen". Als das Mädchen kein Verständnis und keine Unterstützung fand, hörte sie dann auf, jemanden ihre Erlebnisse anzuvertrauen und blieb damit allein. Ihre Familie verstand sie nicht und sie wußte noch viel zu wenig um sich das alles erklären zu können.

Ihre Erstkommunion empfing Helena 1914. Dazu wurde sie von ihrer Mutter und dem Pfarrer Pawłowski vorbereitet. Sie erlebte diesen Tag so intensiv, dass sie ganz allein und nicht mit den anderen Kindern zurück nach Hause ging. Als eine Nachbarin sie fragte, warum sie allein geht, antwortete sie, sie ging mit Jesus. Eine ihrer Schulkolleginnen war sehr glücklich, weil sie zur Erstkommunion ein schönes Kleid bekommen hatte. Helena konnte das überhaupt nicht verstehen. „Nach der Erstkommunion hatte sie sich verändert. Sie mied die Gesellschaft der anderen, von der Kirche kehrte sie immer allein zurück" – schrieb Marianna Kowalska in ihrer Erinnerungen.

Ihr ganzes Leben lang verehrte Helena mit tiefer Frömmigkeit das Allerheiligste Sakrament. Jahre später, am 10. Januar 1938 schrieb sie in ihrem „Tagebuch" über jede ihre Vorbereitung zum Empfang der Heiligen Kommunion: „Heute lade ich Jesus in mein Herz ein, wie eine Liebe. Du bist die Liebe allein. Der ganze Himmel entzündet sich von Dir und erfüllt sich mit Liebe. Meine Seele verlangt nach Dir, wie die Blume nach der Sonne. Jesu, komm schnell in mein Herz, denn wie Du siehst – wie sich die Blume nach der Sonne sehnt, so sehnt sich mein Herz nach Dir. Ich öffne den Kelch meines Herzens um Deine Liebe zu empfangen" (Tb. 1808). Als sie ins Kloster eingetreten ist, nahm sie den Namen Maria Faustina vom Allerheiligsten Sakrament an. Sie hatte es öfters wiederholt: „Der feierlichste Moment in meinem Leben ist der, in dem ich die Heilige Kommunion empfange" (Tb. 1804).

Die neunjährige Helena ging ihren religiösen Pflichten noch sorgfältiger nach. Sie achtete dabei nicht nur auf sich selber, sondern auch auf ihre Geschwister. Sie brachte sogar ihren vorbildlichen Vater ins Staunen, als sie zeigte, dass sie die Pflicht das Vieh auf die Weide zu treiben mit der Teilnahme an der einzigen Heiligen Messe vereinbaren kann. „Am Sonntag, stand sie früh am Morgen auf" – erzählt ihre Mutter. „Um die noch schlafende Familie nicht aufzuwecken, stieg sie aus dem Fenster raus und trieb das Vieh. Der Vater stand auf, ging in den Stall und sah dort keine Kuh mehr. Helenka nahm ihm die Pflicht ab, damit alle in die Kirche gehen konnten. Als sie aus der Kirche kam, ließ ich sie mit den anderen Mädchen spielen. Sie aber ging in den Garten, wo sie sich einen kleinen Altar gebaut hatte und betete." Sie mied auch die dörflichen Tanzveranstaltungen, obwohl ihre Bekannten sie dazu überreden wollten. Dazu muß man sagen, dass auch der Vater gegen solcher Unterhaltung war. Im Vergleich zu seiner verständnisvollen, empfindlichen, sanftmütigen und gefühlvollen Frau war Stanisław sehr streng und verlangte auch viel von seinen Kindern. Er bereitete sie alle für die Arbeit am Bauernhof vor. Jeder Ungehorsam wurde hart von ihm bestraft. Vor der Schärfe seines Gürtels blieb auch das gehorsamste Kind Helena nicht verschont. „Eines Tages sagte die ältere Tochter zu ihr: Komm, gehen wir zu der Tanzveranstaltung, schauen wir die Tanzenden zu" – lesen wir in den Erinnerungen der Mutter. „Helenka ging mit und tanzte sogar ein wenig. Als sie zurückkamen, fragte der Vater: Wo wart ihr? Sie hatten zugestanden. Wer erlaubte es euch? Sie

Das Taufbecken in der Pfarrkirche des Hl. Kasimir in Świnice Warckie „weiß" noch um den Tag, den 27. August 1905, an dem der Pfarrer Józef Chodyński die kleine Helena, das dritte Kind von Marianna und Stanisław Kowalski, getauft hatte.

Auf der nächsten Seite: Die Pfarrkirche im Heimatdorf der heiligen Faustina.

Alleluja

KRÓLOWO RÓŻAŃCA ŚWIĘTEGO
MÓDL SIĘ ZA NAMI
UFUNDOWAŁY KOBIETY Z CAŁEJ PARAFII

In Świnice Warckie wurde ein Ordenshaus der Schwestern der Mutter Gottes der Barmherzigkeit errichtet. Die dortigen Ordensschwestern beten in dieser Kirche, mit der ihre geistige Mitbegründerin in ihrer Kindheit so eng verbunden war.

Helena Kowalska empfing in dieser Kirche im Jahr 1914 ihre Erstkommunion. Sie war damals 9 Jahre alt.

schwiegen. Vater nahm den Gürtel und Helenka versteckte sich im Bett. Vater wurde jedoch nicht nachsichtig und sagte: Du bist ein gutes Kind und trotzdem bist du mitgegangen. Vati, ich werde nicht mehr dorthin gehen – versprach sie und heulte. Sie bedauerte es sehr, dass sie dem Vater Ärger machte. Sie konnte sich das nicht verzeihen."

Alle, die Helena kannten, sagen, dass sie jedem bei der Arbeit helfen wollte. „Sie war bereit jede Arbeit zu verrichten. Sie verwies niemanden, der ihre Hilfe benötigte" – erzählt ihre Mutter. Ihre Geschwister bestätigen, sie hätte oft in Eile für sie gearbeitet. Sie wollte nicht, dass die Eltern traurig wurden, weil ihre Bitte ohne Antwort blieb. Um ihrem Vater eine Freude zu bereiten, laß sie an seiner Stelle am Sonntag laut aus der Bibel, aus dem Heiligenleben oder aus anderen frommen Büchern. Ihr Bruder Stanisław erinnert sich, dass sie sich den Inhalt dieser Bücher sehr schnell merken konnte und am nächsten Tag den Kindern auf der Kuhweide lebhaft erzählte. Den ganzen Tag über konnte sie interessant über die Einsiedler und Missionare sprechen. Sie hatte ein gutes und einfühlsames Herz, nicht nur für ihre Familie. Am Leid anderer Menschen ging sie niemals vorbei. Sie half, wie sie es nur konnte. Die Geschwister erzählten, Helena habe sich einmal als Bettlerin verkleidet. Ausdauernd ging sie von Tür zu Tür und sammelte Geld, das sie später armen Menschen weitergab. Sie hatte sich ganz geschickt verkleidet, denn nicht einmal ihre Familie hatte sie erkannt. Dies war ein wichtiges Erlebnis für sie. Auf eigenem Leibe erfuhr sie all die Unannehmlichkeiten und Erniedrigungen, die sonst nur die Armen erleben. Für sie organisierte sie auch eine Tombola. Sie ging wieder von Haus zu Haus und nahm von den Dorfbewohnern alle Preissachen entgegen. Sie bereitete die Lotterielose vor und verkaufte sie sie dann sehr günstig. Die Preissachen, die übrig blieben sowie die eigenhändig gemachten Spielzeuge verkaufte sie in einem kleinen, von ihr improvisierten Laden. Den Verkaufserlös übergab sie dann dem Pfarrer, der sich weiter um die Armen gekümmert hatte. Helena hatte auch ein Herz für Tiere. Oft kümmerte sie sich um hungrige oder kranke Hunde oder verletzte Hennen. „Sie hatte Mitleid mit den Tieren, sie war erbarmungsvoll" (...) – erzählt Marianna über ihrer Tochter. „Sie hatte sich selbst nie gelobt. Sie war ein ganz anderes Kind. Die Leute sagten: diese Kowalska hat so ein unschuldiges Kind".

Erst als Helena zwölf wurde, begann sie die Schule, die 1917 in Świnice eröffnet wurde, zu besuchen. „Der Lehrer fand keine passende Worte um sie zu loben: Das Mädchen von Kowalska ist wie auserwählt. Sie beklagt sich nie"- erinnert sich die Mutter. „Das ganze Dorf, alle haben sie geliebt." Obwohl sie fleißig und begabt war, sehr leicht lernte und schön deklamieren konnte (sie bekam in der Schule sogar einen Preis für die Rezitation), durfte sie die Schule nur drei Jahre lang besuchen. Als sie bereits schreiben und lesen konnte machte sie Platz frei für die Jüngeren. Sie wurde am Bauernhof gebraucht.

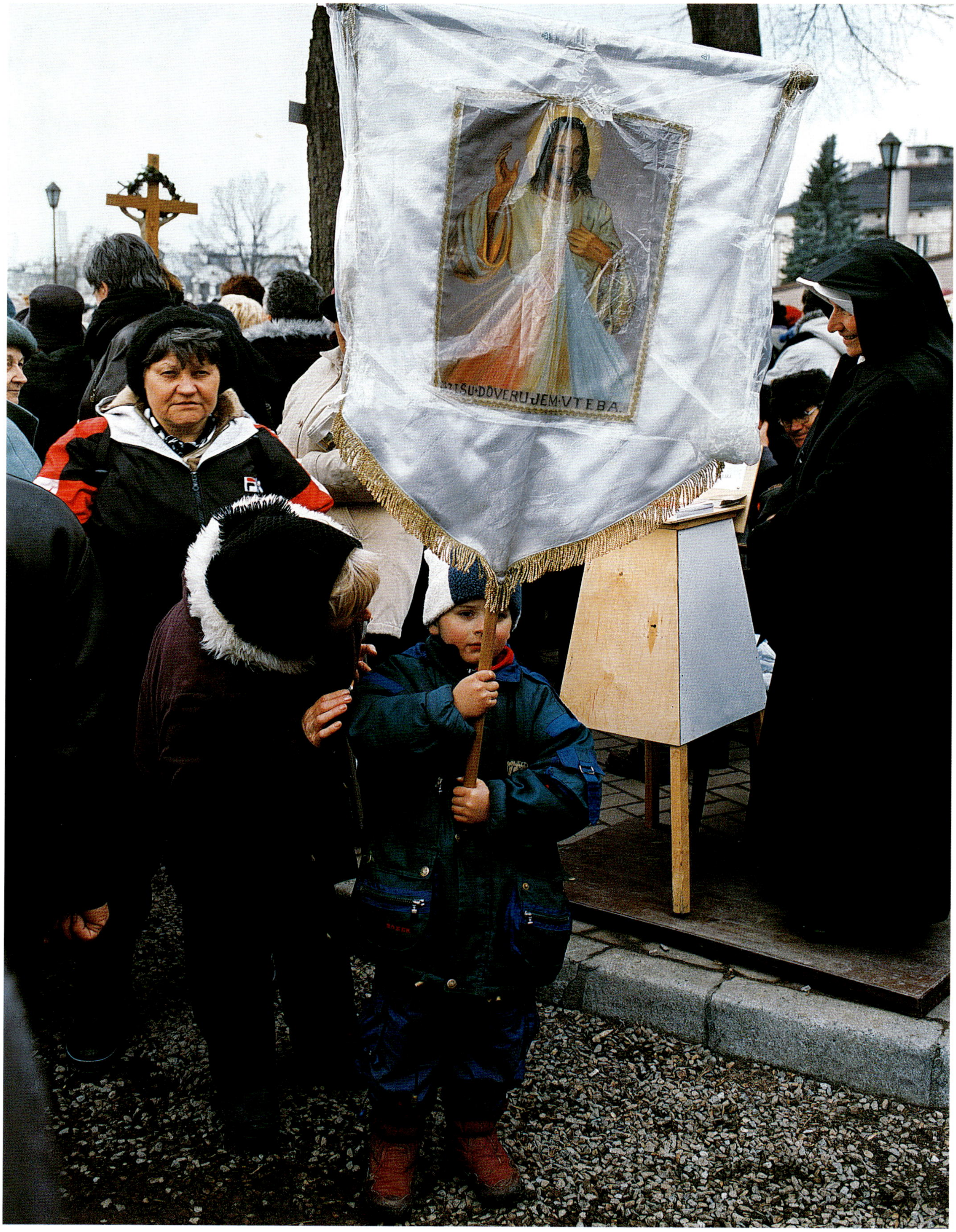
DÔVERUJEM·V TEBA.

Die Dienerschaft

Aleksandrów, Łódź

Als sie die harte Arbeit des Vaters und die Bemühungen der Eltern sah, um der zehnköpfigen Schar (zwei jüngere Töchterchen, Kazia und Bronia, starben kurz nach der Geburt) zu ernähren, beschloss die 15-jähirge Helena den Dienst als Dienstmädchen aufzunehmen. Ihre Mutter erinnert sich, an die Worte Helenas vor ihrer Abfahrt: „Vati, du wirst nicht mehr böse auf mich sein, ich werde dir viel Freude bereiten, Vati". Und so ging sie mit dem Einverständnis ihrer Eltern nach Aleksandrów bei Łódź. Dort arbeitete sie fast ein Jahr bei Leokadia und Kazimierz Bryszewski, den Besitzern eines Geschäfts und einer Bäckerei. In dieser Zeit erhielt unsere Heldin die geheimnisvolle Vision der „Helligkeit". Dieses Ereignis zeigt – entgegen vieler Meinungen – dass dieses junge unerfahrene Mädchen eine Realistin war, dass sie viel Charakterstärke und Intelligenz besaß. Aus ihrem Zimmerfenster sah man die Bäckerei. Ganz logisch dachte sie also, die von ihr gesehene „Helligkeit" wäre ein Brand in diesem Betrieb. Den Alarm, den Helena in dieser Situation schlug, ließ natürlich an ihrem Verstand zweifeln. Man kann sich auch nicht wundern, dass man einen Arzt rief und ihre Eltern verständigte. Die von ihnen geschickte älteste Schwester Józefa bekam von Helena nur folgendes zu hören: „Ich bin doch nicht blöd und werde nicht weiter darüber reden..."

Die Vision von Aleksandrów bewirkte, dass die junge Helena beschloss ihren Traum zu verwirklichen und ihre Eltern um die Erlaubnis ins Kloster zu gehen fragte. Ihnen missfiel die Idee ihrer Tochter. Hauptsächlich deswegen vielleicht, weil sie arm waren. Damals wurde von den Kandidatinnen ins Kloster eine Mitgift gefordert. So begründete Stanisław seine Absage mit folgenden Worten: „Siehst du, du weißt nicht was du willst. Wenn Du ins Kloster gehst, muss ich Geld auf den Tisch legen und woher nehme ich dieses? Du weißt doch, dass ich nur Schulden habe". „Vati, ich brauche kein Geld. Mich wird Herr Jesus selbst ins Kloster führen" antwortete sie mit unanfechtbarem Glauben. Sie widersprach ihren Eltern jedoch nicht. Nach einer kurzen Pause, die sie im Haus ihrer Eltern verbrachte, fuhr sich nach Łódź und wohnte in der Krośnieńskastrasse 9, bei Michał Rapacki, einem Cousin ihres Vaters. Sie nahm die Arbeit bei drei Franziskaner Terziarinnen auf. Sie erklärten sich einverstanden, dass sie jeden Tag bei der Heiligen Messe teilnahm und bei ihrem Beichtvater das Bußsakrament empfangen durfte. Sie dürfte auch die Sterbenden besuchen

Zum Fest der Barmherzigkeit Gottes am 7. April 2002 kamen 160.000 Gläubige nach Łagiewniki. Manche brachten das Bild des Barmherzigen Jesu mit. Auf dem Bild: Pilger aus der Slowakei.
Durch das Werk der Barmherzigkeit werden sich mir viele Seelen nähern (Tb. 1256) – sagte Christus zu Faustina.

Als Helena noch ein Kind war, hatte ihr Vater Stanisław Kowalski dieses kleine Kreuz, die kleine Figur Jesu und die kleine Figur der Mutter Gottes aus Tschenstochau mitgebracht. Sie waren ein Teil des kleinen Altares, der in der Stube des Elternhauses stand.

Unschätzbare Erinnerungsstücke – eine Tischlampe aus Wilna, bei der Schwester Faustina ihr „Tagebuch" schrieb und ein Becher aus ihrer Zeit in Łagiewniki.

und sie mit den Gebeten aufbauen. Sie diente dort fast ein Jahr. Das verdiente Geld schickte sie ihren Eltern.

Als ihre nächste dringliche Bitte ins Kloster gehen zu dürfen wiederum von den Eltern abgelehnt wurde, beschloss sie die Stimme ihrer Berufung zum Verstummen zu bringen. Sie begann auf das Aussehen zu achten und sich modisch zu kleiden. Sie sah so elegant aus, dass ihre nächste Arbeitgeberin Zweifel daran hatte, ob sie eine gute Dienerin sein kann und ihren Lohn sogar kürzte. Helena störte das aber nicht. Sie nahm die Arbeit in einem Lebensmittelgeschäft von Marcjanna Sadowska an, führte ihren Haushalt und kümmerte sich um deren Kinder. „Im Dienst in Łódź waren wir schon zu dritt: Gienia, Helena und ich, jede in einem anderen Haus" – erinnert sich die jüngere Schwester Natalia Grzelak. – „Helena und Gienia dienten in Häusern die gegenüber an der Abramowskistrasse lagen und ich war in der Nawrotstrasse. Gienia mochte es auszugehen, Spaß zu haben, wenn sie frei hatte. Helena schaute mehr, wem sie helfen oder dienen konnte und sie fand immer irgendjemanden. In dem Haus, in dem sie arbeitete war eine kleine Kammer unter der Treppe. Dort lag ein einsamer, kranker Mann. Helena brachte ihm etwas zu Essen, wusch ihn oder heiterte ihn auf, erzählte ihm vom Herrn Gott und letztendlich brachte sie sogar einen Pfarrer her, damit der Mann beichten und die hl. Kommunion empfangen konnte. Ich war damals dort, als der Pfarrer kam. Dieser Mensch sah sehr armselig aus. Helena war sehr glücklich, dass der Mann es rechtzeitig geschafft hatte sich mit Gott zu versöhnen, denn am nächsten Tag starb er. Sie wollte immer Leute zu Gott führen". Marcjanna Sadowska erinnert sich so an ihr Kindermädchen: „Sie war sehr friedlich und lustig. Abends, wenn sie auf dem Hocker saß, versammelten sich meine drei Kinder gleich um sie. Sie mochten sie, weil sie ihnen Märchen erzählte (...) Als ich aus dem Haus ging, war ich beruhigt, denn sie machte die Hausarbeit besser als ich (...) Nett, brav und fleißig war sie. Ich kann nichts Schlechtes über sie sagen, denn sie war zu gut. So gut, dass man es mit Worten gar nicht beschreiben kann".

Ähnlich urteilten alle, bei denen sie diente. Trotzdem war Helena nicht glücklich. Sie versuchte sich dem jugendlichen Leben hinzugeben, aber sie fand keine Freude in diesem, wie sie es nannte, „sinnlosem" Leben. „Der unaufhörliche Ruf der Gnade war eine große Qual für mich, doch ich versuchte ihn mit Unterhaltung zu betäuben" (Tb. 8). Eines Tages ging sie mit ihren Schwestern und einer Freundin Lucyna Strzelecka (spätere Schwester Julita, Ursulinerin) auf ein Tanzfest in den Park „Venedig" (heute Juliusz Słowacki Park) in Łódź, der damals Ort der Tanzveranstaltungen und ein Treffpunkt von Kindern, Jugendlichen und Erwachsenen war. Es wurden dort viele unterhaltsame Spiele veranstaltet. Eine der Attraktionen waren die Sprünge von einem Trampolin ins Wasser. Am Nachmittag begannen die Tanzfeste, die bis tief in die Nacht hinein dauerten. An diesem Sommertag 1924 trug Helena „einen rosa Rock aus Kreton, mit solchen schmalen Falbeln an der Seite. Die Haare nach hinten in einen Zopf gekämmt, der so groß war wie eine Hand. Sie war ein schön gebautes und humorvolles Mädchen und sie konnte einem gefallen" – erzählt Natalia. „Plötzlich traten zwei Jugendliche an uns heran und einer von ihnen wollte mit Helena tanzen. Sie redete sich aus, sie könne nicht tanzen, aber er sagte er würde sie führen. Als sie diesen Tanz getanzt hatten, sagte Helena sie müsse von hier weg gehen. Ich verstand nicht ganz, was sie damit meinte; Ich fragte sie sogar, ob sie sich wieder etwas einbildete. Sie aber sagte, sie würde nicht länger hier bleiben und ging. Wie sich dann herausstellte, ging sie in die Kathedrale und fuhr später nach Warschau, um ein Kloster zu suchen und nach einer Weile dort bei den Schwestern einzutreten".

Stellen wir uns ein Mädchen vor, das um wie ihre Altersgenossen zu sein, versucht das zu tun, was diese auch tun. Sie fühlt, dass dies nichts für sie ist, sie findet keine vollkommene Zufriedenheit. Mit ihrer Heiterkeit, ihrer Lebensfreude, ihrem Sanftmut und mit ihrer wohlwollenden Einstellung den Menschen gegenüber kann sie ihren inneren Kampf verbergen. Sogar ihre Familie merkt nichts davon. Sie selbst versteht eigentlich auch nicht, was mit ihr geschieht. In dieser Zerrissenheit gibt sie sich dem Lebenswirbel hin. Sie leistet nur dann Widerstand, wenn die innere Stimme sehr protestiert. Etwas Ähnliches passierte in dem Park in Łódź. Sie unterlag dem Zureden ihrer Freundinnen und hatte Spaß wie die anderen. Beim Tanzen, sah sie dann plötzlich einen gequälten, verwundenen, seiner Kleider beraubten Jesus neben ihr und hörte wie er zu ihr sagte: *„Wie lange werde ich noch leiden und wie lange wirst du mich noch irreführen?* In diesem Moment verstummte die liebliche Musik, vor meinen Augen verschwand die Gesellschaft in der ich mich befand, es blieben nur Jesus und ich" (Tb. 9). Unter dem Vorwand sie hätte Kopfweh, verließ sie ihre Bekannten. Sie ging direkt in die nahegelegene Kathedrale des hl. Stanisław Kostka und kreuzliegend bat sie Gott, er solle ihr den weiteren Weg zeigen. „Dann hörte ich folgende Worte: *Fahre sofort nach Warschau, dort trittst du in ein Kloster ein*" (Tb.10).

Am nächsten Tag verabschiedete sie sich von ihrer Schwestern und Verwandten und fuhr in dem was sie anhatte in die Hauptstadt. Diesmal war der innere Ruf viel stärker als der Gehorsam den Eltern gegenüber, als die Furcht vor ihrem Zorn, als die Sorge um ihre verletzten Gefühle. Die Schwestern waren verblüfft, der Onkel versuchte ihr einzureden, welch Leid sie ihren Eltern zufügt. Keine Argumente waren diesmal überzeugend genug, damit sie ihre Meinung ändern konnte. Der Befehl der Seele und der geheimnisvolle Impuls des Herzens, den sie noch nicht ganz verstand und erkannte, übertönte alle andere, menschliche und irdische Verpflichtungen. Zum ersten Mal verwirklichte Helena Kowalska gegen den Willen ihrer Eltern diese Worte: „Dein Wille geschehe, wie im Himmel so auch auf Erden".

„Als ich aus dem Zug ausstieg und sah, dass jeder in seine Richtung ging, bekam ich Angst: Was soll ich jetzt tun? An wen soll ich mich wenden, wenn ich niemanden kenne? – Und ich sprach zur Mutter Gottes: Maria, führe mich, lenke mich. – Sofort hörte ich in meiner Seele folgende Worte: Ich soll mich außerhalb der Stadt begeben; In einem bestimmten Dorf finde ich eine sichere Unterkunft für die heutige Nacht" (Tb.11). So tat sie es auch und am nächsten Tag kehrte sie nach Warschau zurück. Wie immer trat sie mit großem Vertrauen in die erst gesehene Kirche. Es war die St. Jakobuskirche bei der Grójeckastrasse. Dort vertraute sie ihre Probleme dem Pfarrer Jakub Dąbrowski an. Er war überrascht, aber half ihr. Dank seiner Empfehlung begann sie bei Aldona Lipszycowa zu arbeiten, die sich so an diese Zeit erinnert: „Im Jahre 1924 wohnte ich mit meinem Mann und unseren vier Kindern in Ostrówek, Gemeinde Klembów, Bezirk Radzymin. Mein Mann bat den Pfarrer aus der Pfarre St. Jakobus in Warschau-Ochota um jemanden, der

Die Erzkathedrale-Basilika des Heiligen Stanislaus Kostka in Łódź ist eine mächtige neugotische Kirche aus gelben Ziegeln, die 1901-1912 errichtet wurde. Dort hörte Helene Kowalska die Worte: Fahre sofort nach Warschau, dort trittst du in ein Kloster ein (Tb.10).

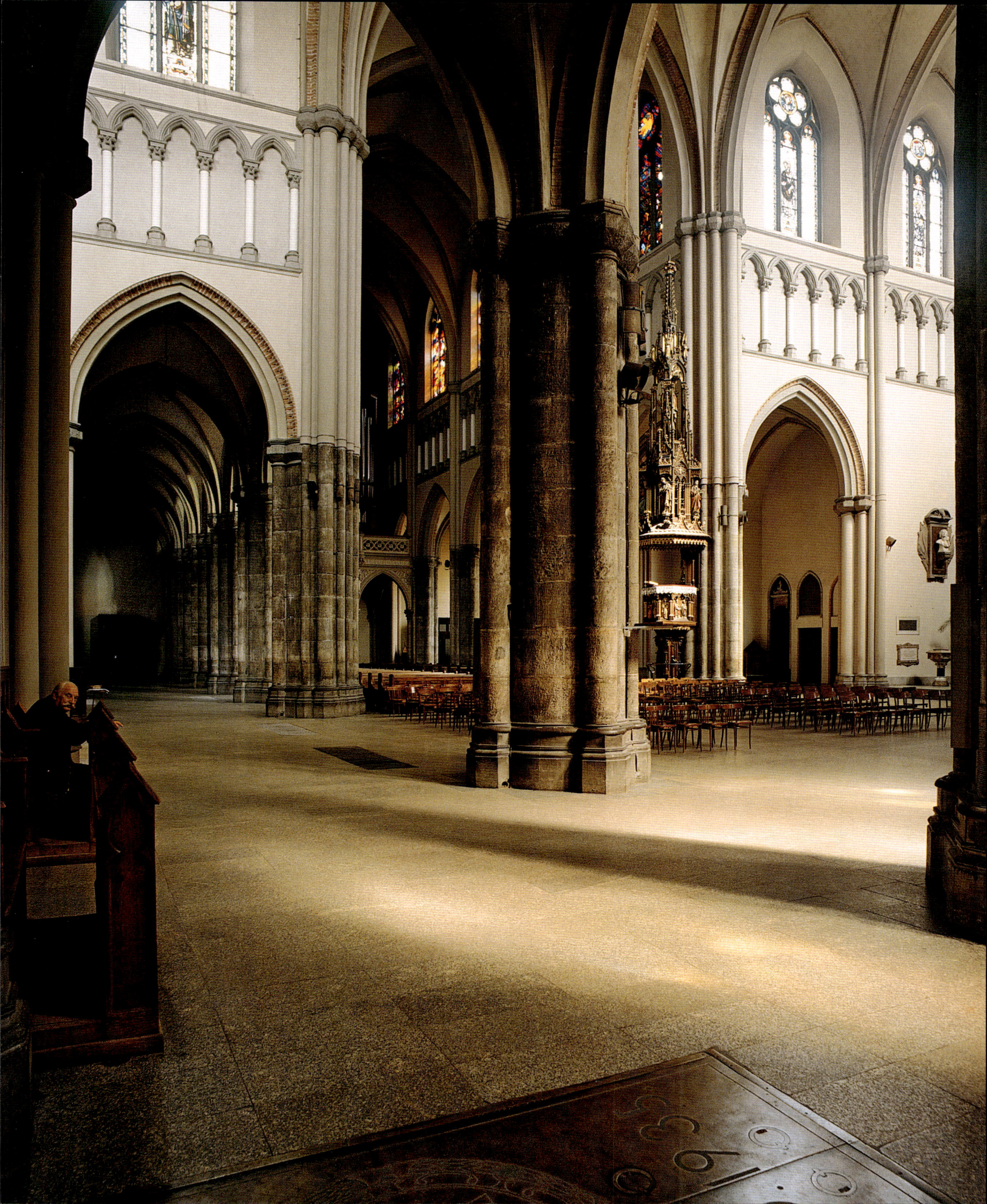

mir im Haushalt helfen könne (...) Der Pfarrer schickte uns (es war im Sommer 1924) Helena Kowalska mit einem kleinen Brief von ihm. Er schrieb uns, dass er sie nicht kenne aber hoffe, sie wäre eine Hilfe für uns. Helena kam mit einem kleinen Bündel zu uns. In diesen Kopftuch hatte sie ihr ganzes Vermögen gewickelt (...) Sie machte den Eindruck einer gesunden, heiteren sogar fröhlichen Person. Sie hatte glattes, rötliches Haar, einen großen Zopf, ein helles ruhiges Gesicht mit leichten Sommersprossen. (...) So kam sie also zu uns mit dem Brief vom Pfarrer und mit der Nachricht, sie wolle sich hier die Mitgift fürs Kloster verdienen und dann bei den Ordensschwestern eintreten. Ich erinnere mich, dass sie sich absolut nichts kaufte und für die Mitgift sparte. (...) Sie mochte Kinder und spielte gern mit ihnen. Einmal veranstaltete sie für sie eine Verkleidungsparty. Sie hatte sich auch verkleidet, spielte mit ihnen wie ein Kind. Ich erinnere mich an ihr gesundes, fröhliches Lachen. Sie sang sehr oft und viel. Ich verbinde sie immer mit dem Lied ‚Den verborgenen Jesus, soll ich im Allerheiligsten Sakrament ehren'. Sie war fleißig, selbstständig, machte jede Arbeit gern und ohne Aufforderung. In unserem Hause war sie kein fremder Mensch, wir alle mochten und schätzten sie. Sie hatte ihre Frömmigkeit niemandem aufgezwungen. (...) Obwohl ich von Anfang an wußte, dass sie von uns ins Kloster gehen würde, haben wir uns in diesem Jahr so sehr an sie gewöhnt, dass ihr Abgang von uns ein schweres Erlebnis für mich war".

Es fiel Aldona Lipszycowa wirklich schwer von Helena Abschied zu nehmen. Gutmütig und freundlich wie sie war, versuchte sie sogar das Leben Helenas anders zu gestalten und ihr einen Partner zu finden. Helenas Entscheidung blieb jedoch unverändert. Auch ihre jüngere Schwester Gienia, die sie auf die Bitte ihrer Eltern hin in Ostrówek besuchte, konnte sie nicht umstimmen. In der Oktave des Fronleichnamsfestes vom 18. bis zum 25. Juni 1925 „während der Wesperandacht legte ich in einfachen Worten, die vom Herzen kamen, das Keuschheitsgelübde ab" – schrieb Schwester Helena Faustina Kowalska in ihrem „Tagebuch" (16). Die Eltern akzeptierten ihre Entscheidung immer noch nicht. An ihre Reaktionen erinnert sich Marianna Kowalska: „Ich werde es ihr schon zeigen – sagte ich verärgert, und mein Mann sprach: Unser bestes Kind, die Auserwählte soll von uns weg gehen? Wir können ihrem Plan keineswegs zustimmen".

Wie jede Kandidatin, die ins Kloster wollte, benötigte auch Helena ihre Geburtsurkunde, ihren Taufschein, usw. In einem Brief, den sie an ihre Eltern schickte, bat sie um die Zusendung dieser Dokumente. Der Vater beschloss nicht zu antworten, um auf diese Weise den Eintritt seiner Tochter ins Kloster zu verhindern. Sie meisterte dieses Problem in dem sie sich an den Pfarrer in Świnice wandte, der ihr die benötigten Zeugnisse sandte.

Es war keine leichte Zeit für Helena. Dieses gehorsame, sich um das Wohlergehen und die Zufriedenheit ihrer Eltern sorgende Mädchen, lief ohne ihnen ein Wort darüber zu sagen von Łódź weg. Ohne ihr Wissen und ohne ihre Zustimmung beschloss sie ins Kloster zu gehen und sich die nötige Mitgift zu verdienen. Mit dieser Entscheidung nahm sie das Risiko ihres Zorns und den Verlust jeglicher Kontakte mit ihnen auf sich. Und doch entschied sie sich für das Klosterleben, vertraute darauf, dass Gott richten wird, was die Menschen verwirrt haben. Diesem Prinzip blieb Helena Kowalska ihr ganzes Leben treu. Auch später, als sie Schwester Faustina wurde.

Ihre guten Eigenschaften schätzten sowohl Kinder, als auch Erwachsene. Als Kindermädchen verdiente sie sich die spontane und ehrliche Liebe ihrer kleinen Schützlinge. „Ich war ungefähr sechs Jahre alt, als Helena in unserem Haus arbeitete" – erinnert sich Maria Nowicka, Tochter von Aldona Lipszycowa. – (...) „Sie war immer ruhig und heiter, arbeitete mit viel Energie und immer mit einem Lächeln. Man konnte glauben keine Arbeit wäre zu schwer für sie. Bei uns gab es immer viel zu tun, den unsere Familie war groß. Wir, Kinder hatten Helena sehr gern, da sie oft mit uns spielte und nie zornig auf uns war. Wir folgten ihr, obwohl wir keine fügsamen und sanftmütigen Kinder waren. Aber sie hatte immer Recht und außerdem wollten wir ihr nicht weh tun. Wir folgten ihr nicht aus Angst. Helena sang bei der Arbeit oft ein Lied: <Den verborgenen Jesus soll ich im Allerheiligsten Sakrament lobpreisen>... Sie brachte mir dieses Lied bei und ich werde es immer mit einer hellen, lächelnden Helena mit einem großen, goldenen Zopf, die gerade das Haus putzt und dabei singt in Verbindung bringen. (...) Als sie bereits im Kloster war, kam sie uns einmal besuchen. (...) Wir baten unsere Mutter, sie solle Helena zur Rückkehr zu uns überreden. Wir versprachen dabei, dass wir gut zu ihr sein werden. Die Mutter antwortete uns aber, Helena will den von ihr gewählten Weg nicht aufgeben..."

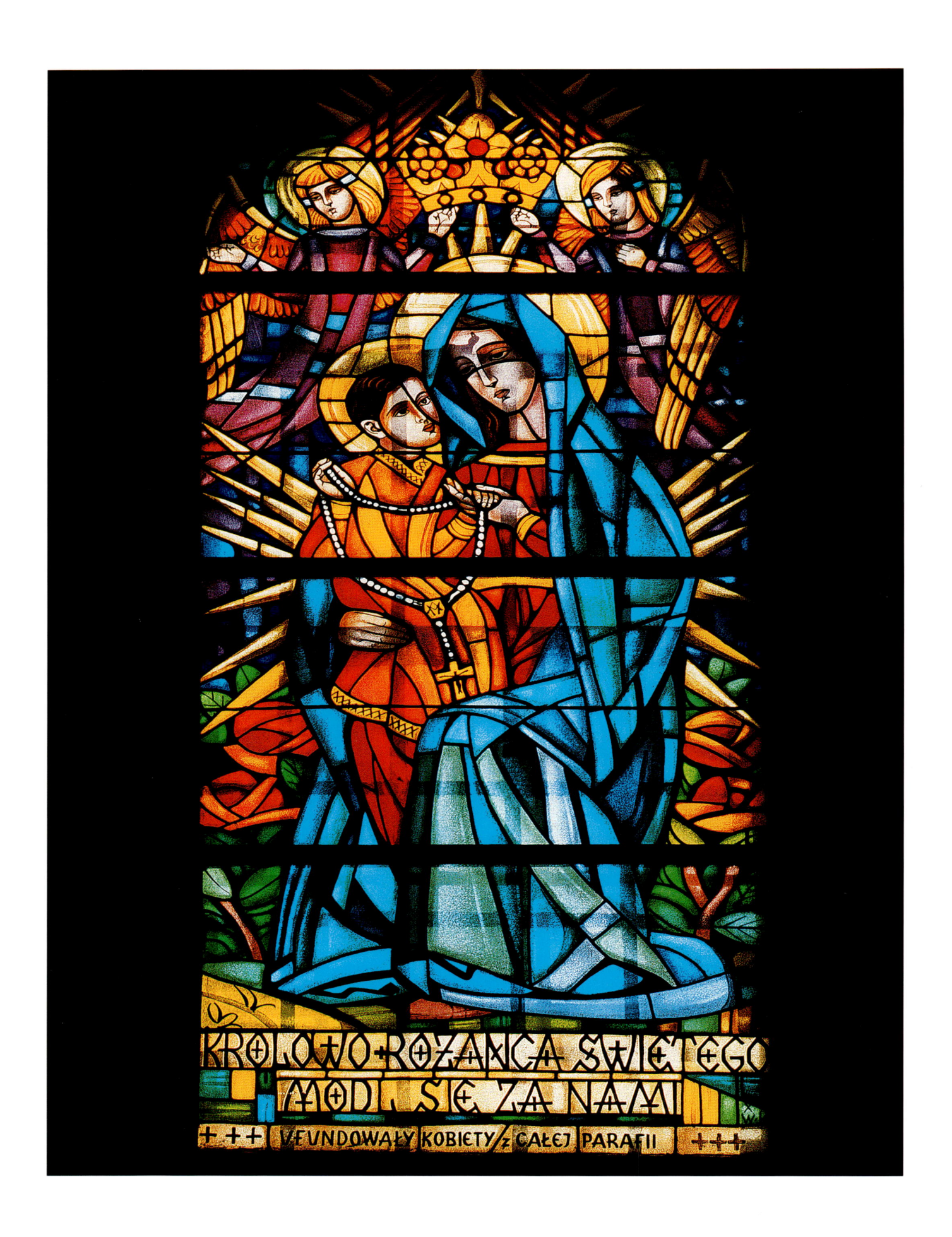

KRÓLOWO RÓŻAŃCA ŚWIĘTEGO
MÓDL SIĘ ZA NAMI
+++ UFUNDOWAŁY KOBIETY z CAŁEJ PARAFII +++

Die Rettung der verlorenen Seelen

Als sie bei den Lipszycs arbeitete, ging sie von Kloster zu Kloster, doch nirgendwo wollte man sie aufnehmen. Manchmal hatte sie sogar zu hören bekommen, dass hier kein Platz für Dienstmädchen sei. „Ein Schmerz durchbohrte mein Herz und ich sagte zu Jesus: Helfe mir, laß mich nicht allein" (Tb. 13). Auch diese Bitte blieb nicht ohne Antwort. Dieses arme aber auch sehr sture Mädchen traf kurz danach in Warschau in der Żytniastrasse 3/9 ein. Sie kam ins Generalhaus des Ordens der Schwestern der Gottesmutter der Barmherzigkeit. Es war das Jahr 1924. Seit 62 Jahren gab es dort einen Ort, an dem eine großartige, als auch schwere Arbeit von der Ordensschwestern geleistet wurde. Die Geschichte geht zurück in die Zeit der Teilung Polens, des ersten Weltkrieges und der ersten Jahre der Unabhängigkeit. Der Geist und das Charisma dieses Ordens konnten sich trotz der stürmischen Zeiten sehr tief in der damaligen Gesellschaft verankern. Die Ordensschwestern kümmerten sich um verlorene Mädchen und Frauen, die einer tiefen moralischen Erneuerung bedürften. Solche Frauen und Mädchen wurden oft von der Familie verstoßen, von ihrem Umfeld verdammt, blieben ganz allein. In den von den Ordensschwestern geführten „Häusern der Barmherzigkeit" fanden sie nicht nur einen Zufluchtsort aber auch die Möglichkeit ein neues, würdiges Leben zu beginnen. Bei ihrer Erziehung und Pflegearbeit respektierten die Ordensschwestern die menschliche Würde und Freiheit dieser Frauen und Mädchen. Viele Generationen von Schwestern opferten sich der Arbeit mit ihrer Schützlinge. Sie folgten dem Gebot der Nächstenliebe, denn in jedem Mensch sahen sie das Gottesbild. Jeder Tag wurde mit Gebet und Arbeit erfüllt. Die Mädchen stickten und webten unter Aufsicht der Schwestern, lernten die Buchbindung sowie die Arbeit in der Küche und im Haushalt kennen. Sie bekamen dadurch die Möglichkeit einen Beruf zu erlernen und sie lernten dabei auch die Prinzipien des christlichen Lebens kennen. Die Schützlinge wurden umgangssprachlich Zöglinge oder Kinder genannt. Der Unterricht fand in einer Klasse statt, dadurch wurden die Ordensschwestern – die Klassenmütter genannt. Obwohl die Anforderungen, die man den Frauen und Mädchen gestellt hatte sehr hoch waren, waren die „Häuser der Barmherzigkeit" stets überfüllt. Neue Plätze waren zu wenig, um den Bedarf zu decken.

Die Kirche in Świnice Warckie schmückt ein schönes Mosaikfenster, das von den Frauen der Pfarre gestiftet wurde. Es soll immerwährend an die Barmherzigkeit der Mutter Gottes erinnern.

Die Mission der Ordensschwestern ist die Verkündung der Botschaft der Barmherzigkeit mit Werken, Worten und Gebet. Schwester Elżbieta Siepak leitet den Verein „Faustinum" und ist Chefredakteurin vieler Publikationen, u.a. der Zeitschrift „Botschaft der Barmherzigkeit", die das Werk der heiligen Faustina verbreiten.

Damals wie heute wird der Alltag der Zöglingsmädchen der Ordensschwestern der Mutter Gottes der Barmherzigkeit mit Arbeit und Gebet erfüllt. Heute lernen sie auch Sachen, die in der modernen Welt unerläßlich sind.

Der Orden der Schwestern der Gottesmutter der Barmherzigkeit wurde am 1. November 1862 gegründet. Bischof Szczęsny Feliński weihte an diesem Tag in Warschau in der Żytniastrasse ein Zufluchstheim für Mädchen und eine dort errichtete Kapelle ein. Die Führung dieses Hauses nahm Gräfin Ewa Potocka aus der Fürstenfamilie Sułkowska, die spätere Mutter Teresa auf sich. Nach dem Tod ihres Mannes fuhr sie mit Tekla und Antonina Kłobukowska nach Laval in Frankreich, wo sie ein achtmonatiges Praktikum unter Aufsicht der französischen Mutter Priorin Teresa Rondeau in einem ähnlichen Pflegeheim absolvierten. Diesen ehrgeizigen Polinnen bereiteten sich dort auf eine Erziehungsarbeit mit den moralisch tief verletzten oder sogar untergegangenen Frauen und Mädchen vor. Nach dem Muster von Laval entstand der polnische Orden der Schwestern der Gottesmutter der Barmherzigkeit. Trotz der Armut und der nötigen Konspiration, denn Warschau befand sich damals im russischen Teilungsgebiet, festigte und entwickelte sich ständig das Charisma der Rettung der verloren gegangenen Seelen. „Mit der geduldigen Hingabe ihrer Berufung dienen die Schwestern am würdigsten und preisen somit auch die Herrlichkeit Gottes. Das Seelenheil ist es, was Gott sich über alles wünscht, vor allem aber das Seelenheil der Sünder, für die er als Mensch auf die Welt kam (...) – lesen wir in der Satzung des Ordens aus dem Jahr 1909. „Das ist die lobenswerteste Arbeit, denn sie ist eng mit Herr Jesu verbunden, mit seiner Heiligen Mutter, mit den Aposteln und vielen großen Heiligen, deren Leben, Arbeit, Leiden und Tod dazu führten, die menschlichen Seelen vom Sündentod zu befreien und das Leben in Gnade und Ruhm zu schenken." Dieses Fragment zeigt, dass das Geheimnis der Barmherzigkeit Gottes und das Geheimnis Mariä, der Mutter der Barmherzigkeit sowie das Charisma der Seelenrettung bilden die geistige Grundlage des Ordens. Diese Idee fand ihre vollkommene Erfüllung im Leben der Schwester Faustina Kowalska. Jesus nannte sie „die treueste Tochter des Ordens" (Tb. 1130).

Unsere Geschichte über Helena Kowalska, die heilige Schwester Maria Faustina, begann am Tag, als ein junges, äußerst entschlossenes Mädchen aus Głogowiec das erste mal vor der Klosterpforte stand und aufgenommen wurde. Schwester Borgia Tichy leitete zu dieser Zeit die Ausbildung der Schwestern Direktorinnen (zu dieser Gruppe zählten die gebildeten Mädchen, die nach einer entsprechenden Ausbildung in der Erziehung und in der Fürsorge in den „Häusern der Barmherzigkeit" arbeiten sollten). Nach dem Unterricht nahmen sie an der gemeinsamen Erholungsstunde teil, wo sich die Schwestern Direktorinnen und die Schwestern Koadjutorinnen (Mädchen ohne Bildung, die für die Arbeit in der Küche, im Garten, in der Bäckerei und an der Pforte bestimmt waren) trafen. Die beiden Gruppen wurden der erste Chor und der zweite Chor genannt. In den zweiten Chor wurde am 1. August 1925 Helena aufgenommen. Schwester Borgia erinnert sich: „Äußerlich war sie nicht schön, aber sie war so subtil und zart wie keine andere".

Das geistige Leben wurde im Kloster durch die täglichen Pflichten ergänzt. Helena bemühte sich so gut wie möglich diesen Pflichten nachzukommen. Schwester Sabina Tronina, die zu dieser Zeit in der Küche arbeitete und sie als Gehilfin bekam, hatte sie so in Erinnerung: „Der erste Eindruck war eher negativ. Sie hatte rote Harre und viele Sommersprossen." Sie fügt aber gleich dazu: „Sie war sehr fleißig, solide, tatkräftig und gehorsam

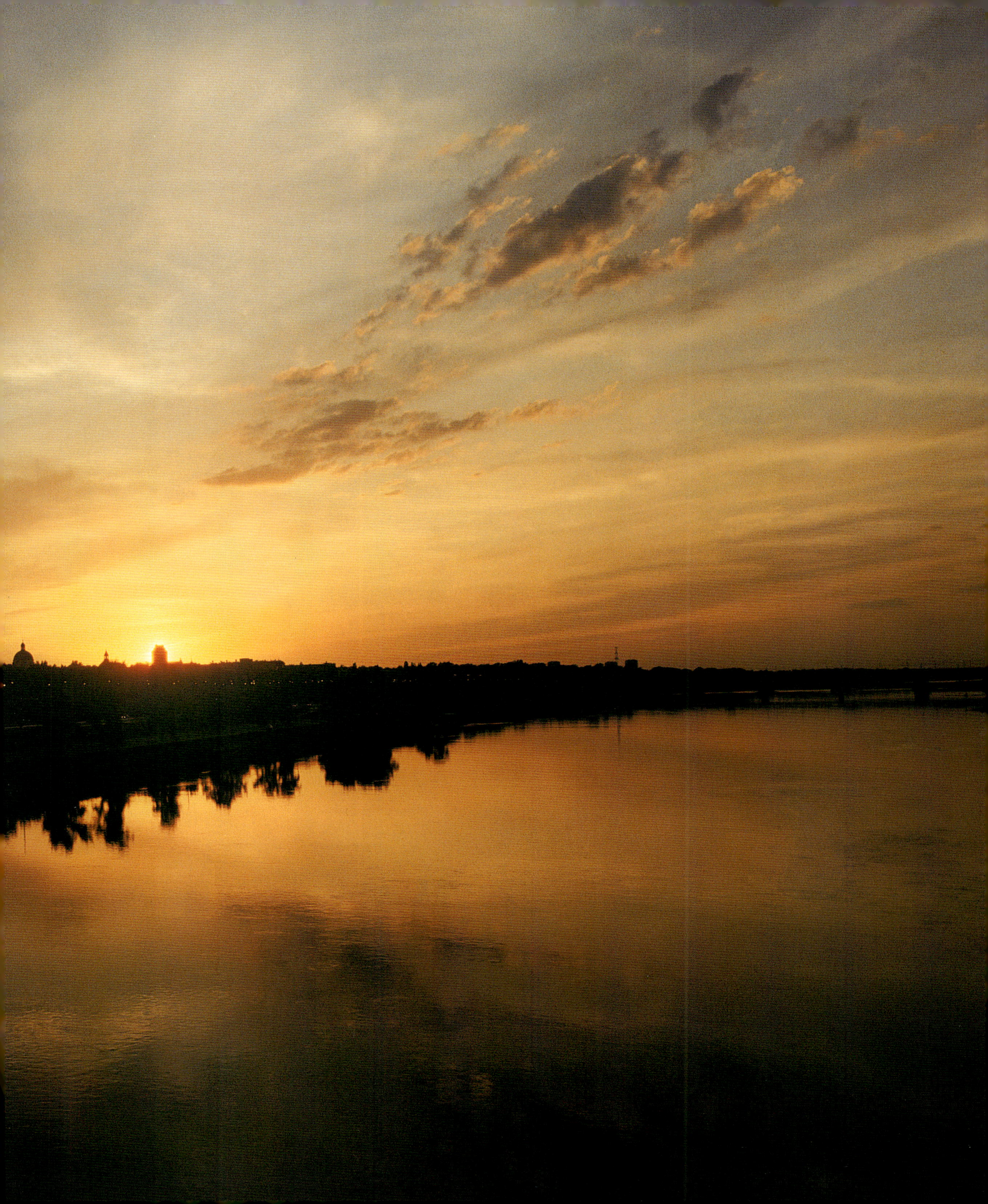

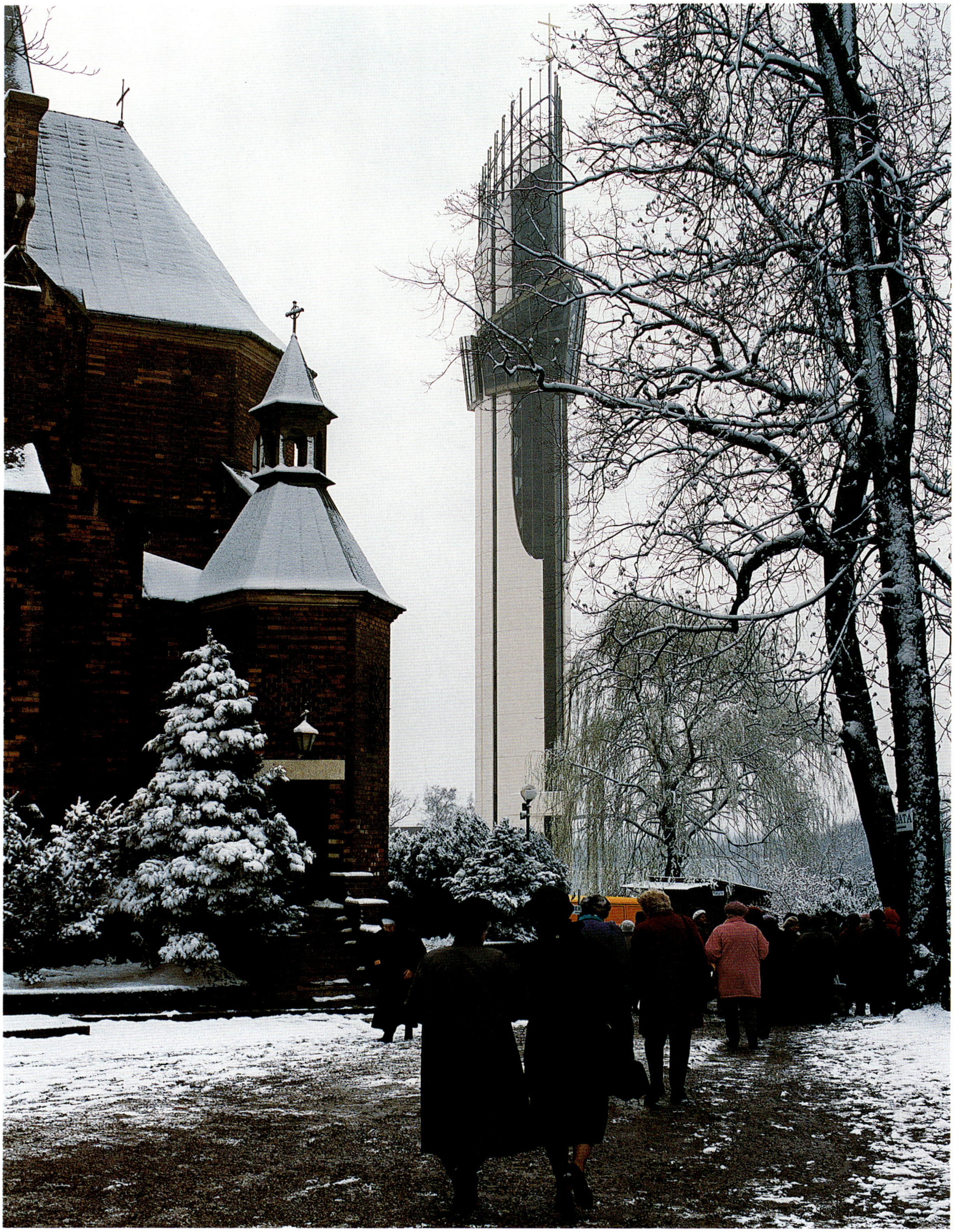

Die Verzweiflung der Postulantin

Warszawa, Skolimów

Sie gerät ins Wanken und zweifelte, obwohl sie nach so viel Mühe, so viel Verzicht und so vielen Schwierigkeiten endlich ihr Ziel erreichte und ins Kloster eintrat. Seit dem Moment, an dem sie schrieb: „Hatte ich gedacht, dass ich in ein paradiesisches Leben einging. Aus meinem Herzen floß ein Dankgebet" (Tb. 17), vergingen erst drei Wochen. Die Freude, dass sie ihr Lebensweg richtig gewählt hatte, war von kurzer Dauer. Nach der Begeisterung kam die innere Unruhe und die Verzweiflung. Helena bekam den Eindruck, zu wenig Zeit für das Gebet und für die Kontemplation zu haben. Dazu kamen noch andere Schwierigkeiten, die ihr bis jetzt unbekannten Ordensbräuche, ein anderer Lebensrhythmus, die Zeit für die Arbeitsverrichtung, die ihre geistigen Bedürfnisse behinderten. Etwas hatte Helenas Überzeugung, dass sie sich am richtigen Ort befindet zerstört. In ihrem „Tagebuch" lesen wir nach:"... und es waren viele andere Sachen, die mir in meiner Seele einredeten, ich solle in ein strengeres Kloster gehen". (Tb. 18)

Das Gebet gab ihr wieder die richtige Antwort. Sie sah den leidenden Jesus, der zu ihr sprach: *„Ich habe dich hierher gerufen und nirgendwo anders. Ich habe für dich viele Gnaden vorbereitet"* (Tb. 19). Der Beichtvater hatte sie am nächsten Tag in der Überzeugung bestärkt, sie solle in diesem Orden bleiben und über keinen anderen nachdenken. „Seit diesem Moment fühle ich mich immer glücklich und zufrieden" (Tb. 20).

„Erst als die Schwester Faustina im Noviziat in „Józefów" war" – erinnert sich Schwester Michaela Moraczewska – „hatte sie mir erzählt, dass sie in ihrer Zelle in der Żytniastrasse Herr Jesus sah. Christus half ihr der Versuchung sich gegen der Berufung zu stellen zu widerstehen". Solche Zweifel hatte sie dann nie mehr, obwohl das Klosterleben jeden Tag immer neue Überraschungen mit sich brachte. Um jedoch das Gleichgewicht halten zu können, traf Helena auf ihrem Weg außergewöhnliche, tolle Leute. In den Fragmenten der Erinnerungen, die aus ihrem Zusammenhang gerissen wurden, sehen sie manchmal farblos aus. Man könnte glauben, sie waren kühl, boshaft, verständnislos. Es wäre aber auch sinnlos darüber zu streiten. Denn es ist schwer zu glauben, dass all die unglaublichen Erlebnisse, die diesem armen Mädchen aus Głogowiec zuteil wurden, nicht auf Mißtrauen oder sogar Verspottung gestoßen hätten. Ich würde gerne jemanden treffen, der all die Geschichten von Helena Kowalska gleich mit Respekt oder sogar mit Begeisterung aufnimmt. Sogar heute, obwohl wir bereits wissen, dass sie eine

---

Das Krakauer Kloster des Ordens der Mutter Gottes der Barmherzigkeit aus dem 19. Jh. Im Hintergrund der moderne Turm des neuen Gotteshauses, das um die Wende vom 20. zum 21 Jahrhundert errichtet wurde.
„Als Christus unter euch die selige Faustina auserwählte, machte er eure Gemeinschaft zu Wächtern dieses Ortes."
(Johannes Paul II. während seines Besuchs in Łagiewniki 1997).

Heilige war, wenn wir aus ihrem „Tagebuch" lesen, verfallen wir manchmal der Versuchung, in ihr eine Schwärmerin oder sogar hysterische Frau zu sehen. Der Glaube und das Vertrauen an sie kommen dann erst mit der Zeit... Auf gleiche Weise reagierten Helenas Zeitgenossen und ich würde sagen, nur ihre persönliche Größe ließ sie weiter dem ungewöhnlichen Mädchen zur Seite stehen, eine Distanz zu ihren Visionen zu bekommen und ihr zu helfen.

Eine solch große Persönlichkeit war ganz bestimmt Mutter Michaela Moraczewska. Erst als sie 39 Jahre alt war, entschloss sie sich ins Kloster zu gehen. Sie wurde an einem Musikkonservatorium ausgebildet, sprach fließend französisch, englisch und deutsch. Aber sie war nicht nur sehr klug, sie hatte etwas noch Größeres – einen großen Geist. Bei ihr konnte sich Faustina oft guten Rat holen. Eine ältere Ordensschwester, die tief davon überzeugt war, dass eine Klosterfrau nur dann nützlich sein kann, wenn sie einen gesunden Verstand hat und fleißig arbeiten kann, hatte sich einmal bei Mutter Michaela beklagt, sie solle die Schwester Samuela Wasilewska in ein anderes Haus versetzen, denn die Schwester Faustina verdirbt sie, weil sie sagt „man solle vor allem beten". Mutter Michaela beruhigte diese besorgte Schwester und sagte, dass Helena bestimmt keinen schlechten Einfluß auf die jüngere Schwester hätte. Sie verteidigte Schwester Faustina mehrmals und die Mystikerin war ihr sehr dankbar dafür und sprach immer mit größtem Respekt über sie. Im „Tagebuch" gibt es einige Stellen, wo sich Faustina bei Mutter Michaela bedankt. Nach dem Tod der Priorin hatte man festgestellt, dass sie zu den sogenannten Seelen-Opfern gehörte, die sich bewußt für die Sünder, für die Seelen im Fegefeuer oder für andere wichtige Ziele opfern.

Ein bescheidenes Leben, bewußtes Fasten und Kasteien und viele Emotionen, die mit den neuen Ordenspflichten verbunden waren bewirkten, dass Helena von Kräften kam. Kurz danach, als sie ihre großen Zweifel bekam, wurde sie krank. Die Mutter Oberin schickte sie mit zwei anderen Schwestern nach Skolimów, nahe Warschau in die Ferien. „Unser Orden hatte 1925 dort ein Ferienhaus für unsere Schwestern und Zöglinge gemietet" – erinnerte sich Mutter Michaela Moraczewska. „Im Herbst blieben nur eine Schwester Rekonvaleszentin und ihre Betreuerin dort. Helena kochte für sie und machte dies hervorragend." Doch weder die körperliche Schwäche noch die Arbeit am neuen Platz hatten die seelischen Bedürfnisse der außergewöhnlichen Nonnenkandidatin gedämpft. Zu dieser Zeit fragte ich Jesus: „Für wen soll ich noch beten? (...) Ich sah einen Schutzengel, der mir befiel ihm zu folgen. Plötzlich war ich an einem nebeligen, mit Feuer ausgefüllten Ort mit sehr vielen leidenden Seelen. Diese Seelen beten inbrünstig für sich selber ohne Erfolg. Nur wir können ihnen helfen. Die Feuerflammen, die ihnen Schmerz zufügten, berührten mich nicht. Mein Schutzengel war stets bei mir. Ich fragte diese Seelen, welches Leid am meisten schmerzt. Sie antworteten einstimmig, es ist (...) die Sehnsucht nach Gott. Ich sah auch Mutter Gottes, die diese Seelen im Fegefeuer besuchte. Sie nennen Maria „Meerstern", denn sie bringt ihnen die Abkühlung. Ich wollte noch weiter mit ihnen reden, doch mein Schutzengel gab mir das Zeichen zur Rückkehr. Wir gingen aus diesem Gefängnis des Leidens raus. Ich hörte eine innere Stimme, die mir sagte: *Meine Barmherzigkeit will das nicht, doch die Gerechtigkeit verlangt danach.* Von diesem Moment an wurde meine Beziehung zu den leidenden Seelen enger. (Tb. 20)

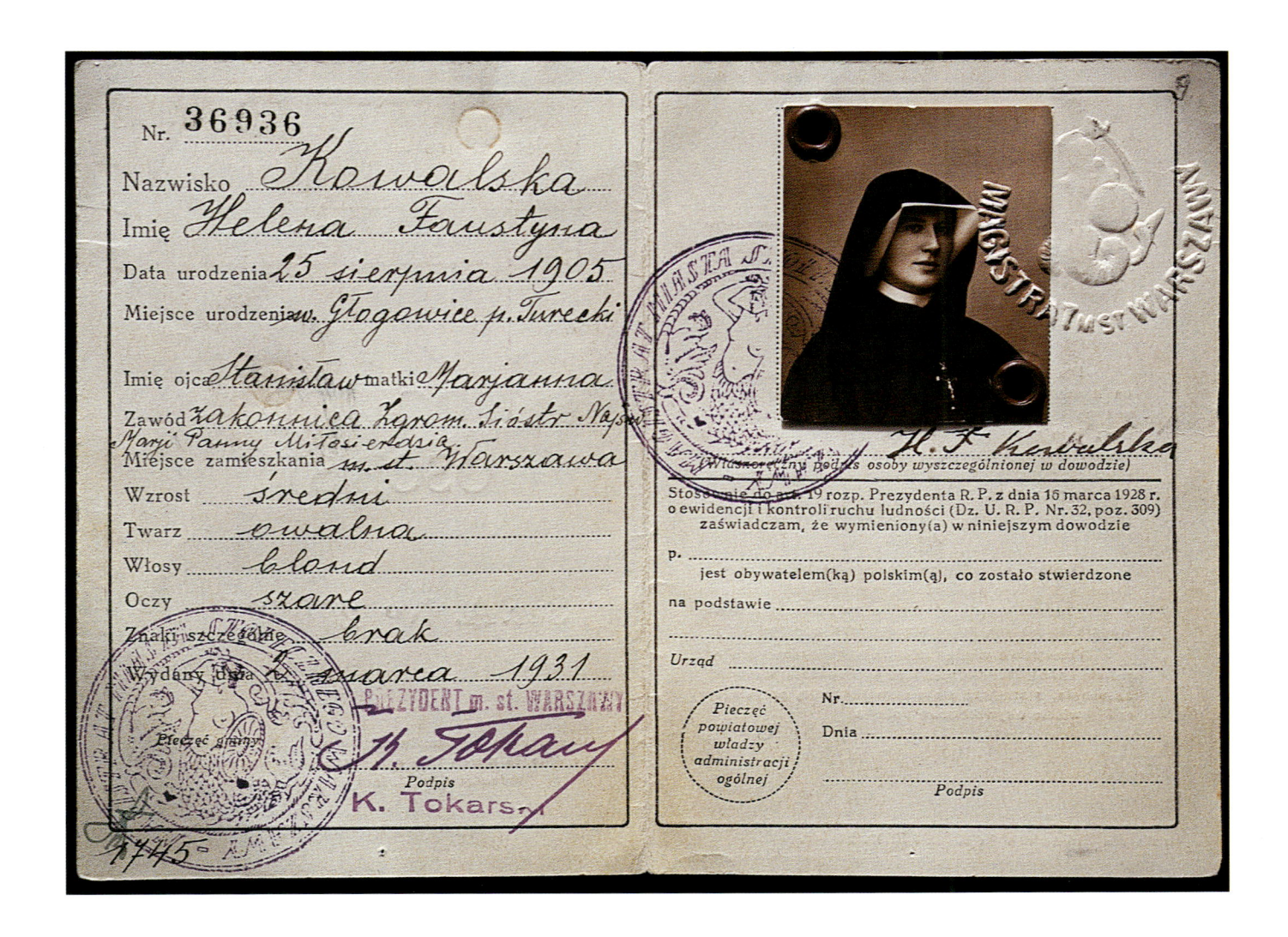

Im Archiv des Krakauer Ordenshauses der Mutter Gottes der Barmherzigkeit befinden sich viele Andenken an die polnische Heilige, unter anderem auch ihr Personalausweis.

Nicht nur diese mystischen Erlebnisse sondern auch die Alltagsgeschehen im Orden hatten die Beziehung Helenas zu den Büßern vertieft. „Wir waren beide Postulantinnen in Warschau" – erinnert sich Schwester Szymona Nalewajk. „Schwester Marcjanna Oświęcimek, die in der Küche arbeitete trug Helena an einem Samstag auf, das Geschirr nach dem Mittagessen abzuwaschen. Ich sollte dafür in den Garten gehen und mich erholen. Als ich nach Dreiviertelstunde zurückkam, arbeitete Helena in der Küche, doch das Geschirr war nach wie vor schmutzig. Schwester Marcjanna wies sie scharf zurecht, doch Helena antwortete: Ich kam nicht dazu. Die aufgeregte Schwester Marcjanna befiel ihr sich auf den Tisch zu setzen. Helena befolgte ohne dabei ein Wort zu verlieren diesen Befehl. Als die Schwester Wirtschafterin in die Küche kam und sich wunderte, warum Helena untätig da sitzt, während die Schwester Marcjanna arbeitet, antwortete sie, dass sie eben so einen Befehl bekam und erklärte was passierte. Die Schwester Wirtschafterin trug Helena auf, sich bei der Schwester Marcjanna zu entschuldigen, was sie wiederum ohne zu zögern tat. (...) Ich bin mir sicher, dass Helena nicht aus Faulheit das Geschirr nicht abgewaschen hatte. Ich glaube, sie mußte noch für die Schwestern auftischen, die später zum Mittagessen kamen." So aber sah diese Situation aus Helenas Sicht aus: „Zur Buße befahl sie mir sich auf den Tisch zu setzen. Sie selber arbeitete sehr fleißig, machte alles sauber und schrubbte. Ich saß die ganze Zeit auf dem Tisch. Die Schwestern, die in die Küche kamen, hatten sich alle gewundert, dass ich auf dem Tisch sitze. Jede sagte über mich, was sie wollte. Eine – dass ich eine Nichtstuerin bin, eine andere – was für ein Sonderling ich sei. (...) Es gab auch solche, die sich fragten: Was für eine Ordensschwester wird aus ihr? Doch ich durfte nicht von diesem Tisch runter, denn die Schwester sagte mir, sie werde mir schon Bescheid geben, wenn ich runter darf. Nur der Liebe Gott weiß, wieviel Selbstüberwindung ich damals aufgebracht habe. Ich dachte, ich werde vor Scham erröten. Gott läßt manchmal solche Situationen zu, um mich innerlich weiterzubilden. Er vergütete mir dann aber die Demütigung mit einer großen Freude. Während der abendlichen Andacht mit der Segnung vom Allerheiligsten Sakrament sah ich Ihn in großer Schönheit. Jesus blickte gnädig auf mich herab und sagte: *Meine Tochter, fürchte das Leiden nicht, ich bin bei dir*" (Tb. 151)

Der Gehorsam und die bedingungslose Unterordnung nicht nur Gott, aber auch den Menschen gegenüber, die Helena auf ihrem Lebensweg traf, sind das beste Zeichen und der beste Beweis für ihr Vertrauen an Jesus. Sie vertraute bedingungslos an seine Unfehlbarkeit, seine Güte und seine endlose Barmherzigkeit. Schwester Szymona bewunderte Helena öfters dafür, dass sie „alle Bemerkungen oder Demütigungen mit Demut und ohne Diskussion annahm. (...) Ich war erstaunt, dass eine Anfängerin so viel Beherrschung und so viel Gutmütigkeit aufbringen kann. Im späteren Ordensleben hatte sie diese Heiterkeit und diesen fröhlichen Gehorsam den Vorgesetzten gegenüber weiter behalten." Wieviel mußte eine solche Haltung eine auf die Unzufriedenheit den anderen empfindsame Person kosten... Obwohl sie ein Versprechen gab, sie werde immer fröhlich und zufrieden sein, hatte sie das nicht immer geschafft. Vor allem am Anfang ihres Ordenslebens. Aldona Lipszyc, die sie zu Beginn der ersten Probezeit besuchte, berichtet folgendes: „Sie sagte zu mir, sie fühle sich nicht wohl und sie wisse nicht, ob sie im Orden aushalte. Sie müsse ihr Temperament zügeln und sie hätte Schwierigkeiten damit. Sie erwähnte auch, dass sie gedemütigt werde. Ich hatte mit ihr mitgefühlt, denn ich kannte ihr lebhaftes Temperament und wußte, dass sie deswegen mit den Vorgesetzten Probleme bekam".

Keine von diesen Lasten war jedoch zu schwer für die junge Postulantin. Fast auf jeder Seite des „Tagebuchs" finden wir Beweise für das Vertrauen, das sie in Jesus hatte. Wie anders konnte sie ihr Leben gern haben und akzeptieren? Wenn sie kein Vertrauen gehabt hätte, hätte sie dann all die Ängste ihrer Familie, Bemerkungen der Mitschwestern, Verbote und Ratschläge ihrer Beichtväter mit Ruhe und einem Lächeln annehmen können? Hätte sie ohne Vertrauen trotz aller Schwierigkeiten ihres Lebens Freude empfinden können? Helena vertraute intuitiv, spontan, bedingungslos auf Gott und Seine Barmherzigkeit. Sie vertraute Seiner Liebe... Sie wollte sie so sehr gelernt haben, sie annehmen und weiter an jeden Menschen, den sie traf, geben. „Jesu, durchdringe mich, damit ich Dich in meinem ganzen Leben widerspiegeln kann. Heilige mich, damit all meine Taten einen übernatürlichen Wert haben. Laß mich für jede Seele Liebe, Erbarmen und Barmherzigkeit empfinden. Mein Jesu, jeder Deiner Heiligen spiegelt eine Deiner Tugenden wider. Ich möchte Dein erbarmungsvolles und barmherziges Herz widerspiegeln und lobpreisen. Deine Barmherzigkeit, o Jesu, solle auf meinem Herz und auf meiner Seele wie ein Siegel abgedrückt werden. Es solle mein Zeichen in diesem und im nächsten Leben sein. Deine Barmherzigkeit zu lobpreisen ist die einzige Aufgabe meines Lebens" (Tb. 1242). In dem früheren Fragment, das eine Quintessenz des Vertrauens darstellt, schreibt sie: „Ich wundere mich Jesu, dass Du Dich so lange von mir versteckst; Wie lange kannst Du das Übermaß der Liebe, die Du für mich hast noch zurückhalten? In der Wohnung meines Herzens lausche ich aufmerksam und warte auf Dein Kommen, Du, einziger Schatz meines Herzens" (Tb. 1239).

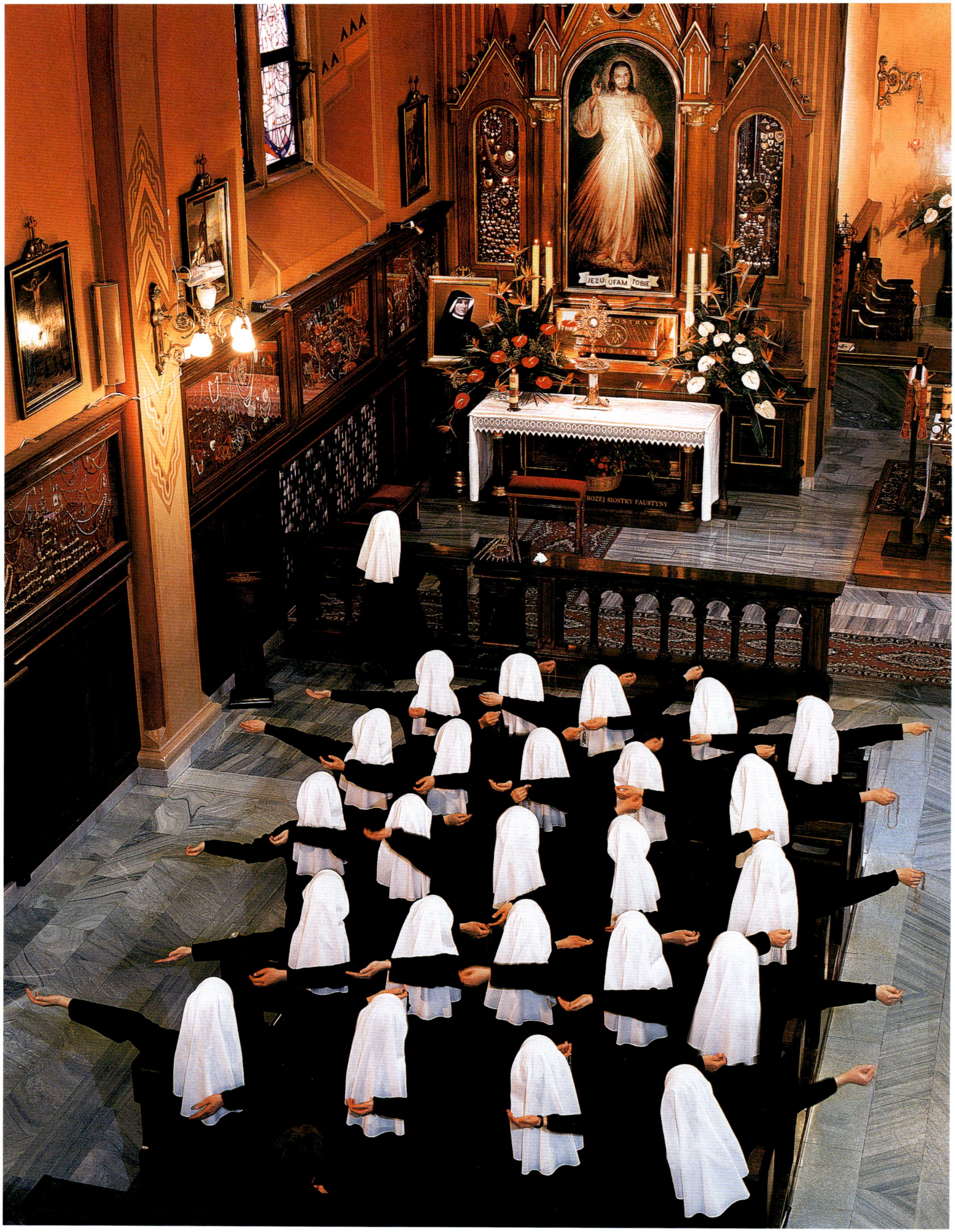
JEZU UFAM TOBIE
BOŻEJ SIOSTRY FAUSTYNY

Die Freuden und die Leiden des Noviziats

Kraków, Łagiewniki

Nach einigen Monaten in Warschau fuhr Helena Kowalska am 23. Januar 1926 nach Krakau. Sie sollte dort die erste Probezeit beenden, an den Einkehrungstagen teilnehmen und das Noviziat beginnen. Das Ordenshaus in Krakau Łagiewniki, damals noch „Józefów" (nach dem Hl. Josef) genannt, wurde 1891 errichtet. Das Kloster und das „Haus der Barmherzigkeit" für hundert Mädchen stiftete Herzog Aleksander Lubomirski. Von Anfang an hielten sich dort viel mehr Bedürftige an, als vorgesehen wurde. In der Zeit zwischen den beiden Kriegen gab es dort 160 Zöglinge. Dieses Haus, das Kloster und die Kapelle bildeten eine geschlossene Anlage, wo keine Fremden Zutritt hatten. Es war dies sehr wichtig in Anbetracht der dort verrichteten apostolischen Arbeit der Ordensschwestern.

Dorthin also wurde Helena Kowalska geschickt, um den nächsten Abschnitt ihres Ordenslebens zu meistern. Bereits in den ersten Tagen am neuen Ort hatte sie wieder eine mystische Vision. Am Tag, an dem sie nach Łagiewniki kam, starb Schwester Henryka Łosińska im Kloster. Ein paar Tage später sah Helena sie in ihrer Zelle. „Sie kommt zu mir und schickt mich zur Mutter Meisterin (diese Funktion übte damals Małgorzata Gimbutt aus), damit ich ihr sage, der Beichtvater Pfarrer Rospond solle für sie eine Heilige Messe lesen und drei Stoßgebete beten" (Tb. 21). Helena reagierte lebhaft auf alle Zeichen Gottes, aber sie nahm sie nie kritiklos an. Sie hatte es in Betracht gezogen, dass sie nur ein Produkt ihrer Fantasie oder eine Verlockung des Bösen werden könnten. Auch diese Vision betrachtete sie mit Vorsicht. Sie wollte sicher sein, ob es ein Traum war oder in Wirklichkeit geschah. Als sich diese Vision noch zweimal wiederholte, und die Schwester Henryka Łozińska Helena mahnte und sogar, wie sie es im „Tagebuch" (21) schildert: „Sie machte mir Vorwürfe, dass ich nicht gleich gegangen bin. In meine Seele trat große Unruhe und ich ging sofort zur Mutter Meisterin und erzählte ihr alles, was passiert ist. Die Mutter sagte, dass sie sich um diese Sache kümmern werde. (...) Am dritten Tag kam diese Schwester wieder zu mir und sagte ‚Vergelt's Gott'" (Tb. 21).

Jeden Tag beten die Ordensschwestern das Kronengebet zur Barmherzigkeit Gottes. Sie halten dabei ihre Arme wie am Kreuz ausgestreckt.

„Die Mutter sagte, dass sie sich um diese Sache kümmern werde" – ein Gespräch, das Geständnis einer geheimnisvollen Vision an der sogar Faustina zweifelte und Mutter Małgorzata Gimbutt verspricht, sie werde sich darum kümmern. Das sind keine leeren Worte und kein Vorwand um die Klosterfrau, die merkwürdige Visionen hat loszuwerden. Die um ein Gebet bittende Schwester bedankt sich nach der Erfüllung ihrer Bitte. Małgorzata Gimbutt schenkte sehr viel Vertrauen gerade dieser Probandin, die sie beim ersten Treffen in Warschau als „nichts Vielversprechendes" bezeichnet hatte. Es ist nicht weiter verwunderlich, denn die Mutter Meisterin war eine Person, die mit gutem Beispiel voran ging und alle Schwestern, die unter ihrer Obhut standen, lehrte sie Demut und Gottesfurcht. Sie verlangte viel, vor allem von sich selbst, lebte asketisch, fastete und tat Buße.

Die feierliche Einkleidung Helenas und die Namengebung Maria Faustina fand am 30. April 1926 statt. Schwester Klemensa Buczek erinnert sich an diesen Tag: „Ich bekam Helenka Kowalska zum Einkleiden. (...) Ich sagte zu ihr: Helenka, wir müssen uns beeilen. – Helenka fiel in Ohnmacht. Ich rannte schnell, um Kölnischwasser zu holen, damit sie wieder zu sich komme... Ich machte mich dann über sie lustig und sagte sie werde die Welt so sehr vermissen. Erst nach ihrem Tod erfuhr ich, dass diese Ohnmacht einen ganz anderen Grund hatte." Und so beschreibt Helena selbst diesen besonderen Moment der Wandlung eines Dorfmädchens Helena Kowalska in die Schwester Maria Faustina: „Im Augenblick der Einkleidung zeigte mir Gott, wieviel ich leiden werde. Ich sah klar, zu was ich mich verpflichtete. Es war nur ein Augenblick dieses Leidens. Gott goß in mein Herz wieder groß Freude ein" (Tb. 22). Am 20. Juni 1926, etwa zwei Monate nach der feierlichen Einkleidung wurde Maria Józefa Brzoza neue Meisterin des Noviziats. Sie war sanftmütig und herzlich zu den anderen, intelligent, fleißig, hatte Vertrauen an Gott und liebte Ihn von ganzem Herzen. Die Novizinnen sagten über sie, sie werde eine echte liebende Mutter, denn sie wußte, was in ihren Seelen vorgeht. Sie lehrte sie alle Tugenden, die im Ordensleben wichtig sind, also Frömmigkeit, die vor einem Verzicht nicht schreckt, Gehorsam und Respekt den Vorgesetzten gegenüber. Sie konnte aber auch sehr entschlossen und sogar streng sein. Wenn die Novizinnen nur auch ein Hauch von Egoismus oder Selbstliebe zeigten, hatte sie mit Rügen oder demütigenden Ermahnungen nicht gespart.

Das Noviziat befand sich damals wie heute in Kraków Łagiewniki. Alle Nonnenkandidatinnen des Ordens der Schwestern der Mutter Gottes der Barmherzigkeit bereiteten sich dort auf ihr erstes Ordensgelübde vor. Auch Helena Kowalska reifte dort und übte sich in Geduld, Liebe und Demut. Das erste Novizjahr brachte ihr viel Freude und Entzücken im geistigen Sinne, obwohl sie im Alltag viele schwierige Momente erlebte und viel Kummer erleiden mußte. Schwester Placyda Putyra, die etwas älter als Faustina war, erinnert sich: „Öfters bekam sie zu hören, sie sei peinlich genau und beachte die kleinsten Verstöße im Ordensleben zu sehr. Sie nahm sich das nicht so sehr zu Herzen, tat das, was sie als ihre Pflicht verstand und ertrug alle Demütigungen mit Geduld". Viele jüngere und ältere Klosterfrauen hatten sich an diesen Charakterzug Faustinas erinnert. Man muss an dieser Stelle anmerken, dass zu Lebzeiten Faustinas alle Ordensschwestern auf zwei Gruppen aufgeteilt wurden (Direktorinnen und Koadjutorinnen), was

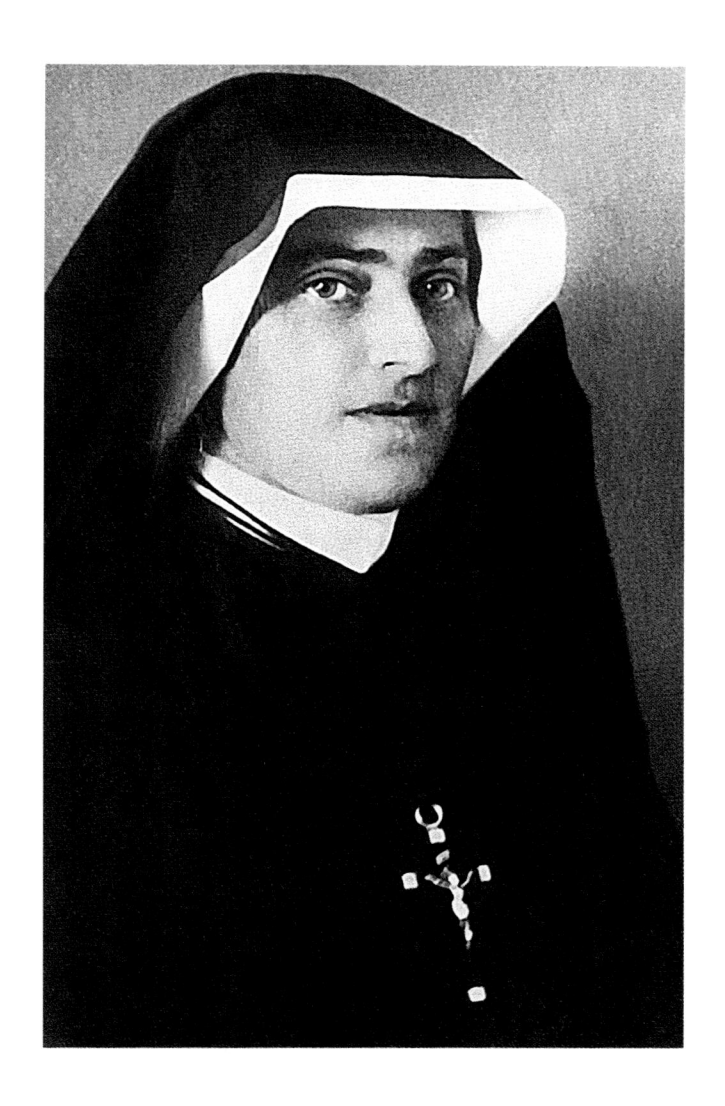

Mutter Maria Irena Krzyżanowska wurde am 25. November 1889 geboren. Sie war Erzieherin im Erziehungsheim für Mädchen, Helferin der Meisterin des Noviziats und danach Mutter Oberin u.a. in Wilna, Krakau und Breslau, wo sie am 3. Dezember 1971 starb. Bereits zu Lebzeiten der Schwester Faustina hatte sie sich sehr in die Verbreitung des Kultes der Barmherzigkeit Gottes engagiert.

Schwester Maria Józefa Brzoza wurde am 24. November 1889 geboren. Sie war Erzieherin im Erziehungsheim für Mädchen in Krakau. Nach der Ausbildung in Frankreich wurde sie Meisterin des Noviziats in Krakau. Sie war eine große Seelenkennerin. Sie war streng, aber voll mütterlicher Liebe. Sie starb am 9. November 1939.

einer Weile kam Schwester Faustina in die Küche. Man sah ihr an, dass sie geweint hatte, aber sie war schon ganz ruhig."

„Gegen Ende des ersten Novizjahres wurde es in meiner Seele immer dunkler" – lesen wir im „Tagebuch" (23) nach. „Ich finde keinen Trost im Gebet, mit großer Mühe versuche ich zu denken und gerate in Furcht. Ich gehe tief in mich hinein und sehe nichts als großes Elend. Ich sehe auch klar die große Heiligkeit Gottes, aber ich wage es nicht meinen Blick auf Ihn zu richten. Ich, Staub, falle zu Seinen Füßen und bettle um Barmherzigkeit. So ging es ein halbes Jahr lang und der Zustand meiner Seele änderte sich nicht. Unsere liebe Mutter Meisterin gibt mir Kraft in diesen schwierigen Momenten. Doch das Leiden wird immer größer. Bald beginnt das zweite Novizjahr. Wenn ich nur daran denke, dass ich das Gelübde ablegen soll, ein Schauer durchläuft meine Seele. Egal, was ich auch lese, ich verstehe es nicht. Ich kann nicht denken. Es scheint mir, dass Gott kein Gefallen an meinem Gebet findet. Wenn ich die Sakramente empfange, scheint es mir, dass ich Gott damit noch mehr beleidige. Doch mein Beichtvater erlaubte mir nicht, nicht einmal eine Heilige Kommunion auszulassen. Gott tut Unerklärliches in meiner Seele. Nichts von dem, was mein Beichtvater zu mir sprach, verstand ich. Die einfachen Glaubenswahrheiten waren für mich nicht zu begreifen. Meine gequälte Seele konnte nirgendwo Trost und Freude finden. Einmal kam mir in den Sinn, Gott hätte mich abgestoßen. Dieser schreckliche Gedanke durchstach meine Seele. Meine Seele, die so sehr litt, begann zu sterben. Ich wollte sterben, doch ich konnte es nicht. Dann kam der Gedanke – wozu sollte man sich um die Tugenden bemühen? Wozu sollte man sich kasteien, wenn Gott das alles nicht will. Als ich der Mutter Meisterin das erzählte, bekam ich folgende Antwort: Schwester, du sollst wissen, dass der Herr dich zur großen Heiligkeit bestimmt hatte. Es ist ein Zeichen dafür, dass Gott dich im Himmel in seiner Nähe haben will. Schwester, du sollst Herr Jesu sehr viel Vertrauen schenken".

Nur eine Persönlichkeit von großem Geist, wie Mutter Józefa Brzoza konnte so gut in die Seele der Novizin, die sehr mit Gott vereint war, hinein schauen. Nur jemand wie sie – empfindsam, erfahren und mit viel Feingefühl konnte Faustina helfen diese sogenannte „dunklen Nächte" durchzustehen. Faustina erlebte ein unvorstellbares Leiden, diese Nächte waren für sie eine sehr schmerzvolle Erfahrung. Solche Nächte erleben Menschen, die Gott aus der Nähe kennenlernen und betrachten dürften und plötzlich scheint es ihnen, sie verlieren diese Gnade. Man konnte glauben, es ist eine schonungslose und grausame Lehre. Doch nur diese Lehre kann einen Menschen rein machen und ihn für die großen Taten Gottes vorbereiten. Die „dunklen Nächte" haben zwei Etappen, und die heißen: „Nächte der Sinne" und „Nächte des Geistes". Die ersten machen rein den Leib, die zweiten – die Seele. Sehr früh durchstand Faustina die erste Etappe der schmerzvollen Erneuerung. Es war gegen Ende des ersten Novizjahres. Die „Nacht der Sinne" dauerte bei ihr eineinhalb Jahre lang. Das war eine überaus schwere Probezeit, nicht nur für sie, sondern auch für die Mutter Meisterin. Doch die beiden hatten sie sehr gut gemeistert. In ihrem weiteren Ordensleben folgte Faustina den Rat der Mutter Józefa und wandte sich in allen Schwierigkeiten immer direkt an Gott. Mit kindlichem Vertrauen beklagte sie sich bei Ihm, fragte um alles und entschlossen forderte sie von Ihm das, was Er ihr versprochen hatte. Solche Haltung empfahl sie auch ihren Mitschwestern. Zu Schwester Samuela Wasilewska sagte sie sogar, sie solle sich nie bei den Menschen, sondern nur bei Gott beklagen. Sie selber vertraute Gott so sehr, dass nur wenige ihrer Mitschwestern um ihre Zerrissenheit wußten. Ihre Diskretion wurde oft belohnt. Einmal, als sie sehr leiden mußte, kam im Traum die Mutter Gottes mit Kind zu ihr. „Die Freude floß in meine Seele und ich sagte: Maria, meine Mutter, weiß du, wie schrecklich ich leide? – Und die Mutter Gottes antwortete mir: Ich weiß, wieviel Leiden du ertragen muß. Aber fürchte dich nicht. Ich leide mit dir mit und immer werde ich mit dir mitleiden. Sie lächelte mir herzlich zu und verschwand. In meine Seele trat sofort große Kraft und eine großer Mut" (Tb. 25).

Ein anderes mal, als das Leiden unerträglich wurde und sie nicht mehr wußte, wie sie weiter leben soll, flüsterte die Intuition ihr ein Gebet zur Heiligen Theresia vom Kinde Jesu ein. Faustina verehrte diese Heilige seit Jahren. Als sie zu ihr betete, erschien ihr die Heilige Theresia. Die Heilige erzählte Faustina von ihren Qualen und versprach ihr baldige Lösung ihrer schweren Situation. Dieses Versprechen hatte sich erfüllt. Von der Heiligen Theresia erfuhr Faustina, dass sie in den Himmel kommt und eine Heilige wird. In den Himmel sollen auch ihre Eltern kommen, doch für ihre Geschwister müsse sie oft und inbrünstig beten. Von der Heiligen Theresia bekam sie auch den Rat, sie solle Herrn Jesu vertrauen.

Einige Mitschwestern bekamen ab und zu mit, was in der Seele Faustinas vor sich ging. Eine von ihnen mahnte Faustina, sie bildete sich was ein, denn Jesus spricht nur mit den Heiligen und nicht mit Seelen, die sündigen. Faustina nahm sich diese Bemerkung zu Herzen und fragte: „Jesu, bist Du eine Einbildung". Als Anwort bekam sie zu hören: *„Meine Liebe täuscht niemanden"* (Tb. 29). Die Mehrheit der Ordensschwestern wußte jedoch nichts darüber. Sie hatten dennoch ihre Weisheit, Güte und Demut erkannt. „Wenn wir mal mit Rüge oder Buße für ein Verstoß gegen die Ordensregel bestraft wurden, ermutigte sie uns: Mögen die Schwestern diese Buße als Genugtuung für alle menschlichen Sünden opfern" – erinnert sich Placyda Putyra. „Sie fügte gleich hinzu, dass auch die Ordensleute nicht frei von Sünden sind. Deshalb regte sie uns dazu an, wenn uns etwas misslingt oder schwer fällt, sollen wir es unserem lieben Gott als Opfergabe darbringen und Ihn damit um Versöhnung bitten."

Helena Kowalska kümmerte sich ihr ganzes Leben lang um das Wohlergehen anderer Menschen und wollte ihnen helfen, wie sie es nur konnte. Sie wollte sich dem Herrn nähern, damit Er sie mit seiner großen Liebe zu den Menschen ansteckte. Sie wollte eine Heilige werden, um für die Sünder die Barmherzigkeit Gottes und die Gnade der Vergebung erbeten dürfen. Wenn sie in ihren Visionen die im Fegefeuer leidenden Seelen sah, verstoß sie sie nicht. Im Gegenteil, sie betete für sie, fastete und kasteite sich zur Vergebung ihrer Sünden. Wenn sie ihnen nur damit helfen konnte, nahm sie das alles gerne auf sich auf. Im „Tagebuch" findet man viele Fragmente, wo Jesus zu Faustina sagt, für wen sie beten und leiden soll. Und sie reagiert auf Gottes Signale ohne zu zögern.

Justyna Gołofit, die etwas jünger als Faustina war, wurde im Noviziat zu Faustinas „Seele". „Als ältere Novizin wurde sie mir als „Engel" zuerkannt, um mir bei meinen ersten Schritten im Kloster zu helfen. Am

Anfang mochte ich sie nicht, denn sie war nicht besonders hübsch. Mit der Zeit hatten wir uns aber befreundet und diese Freundschaft hielt bis zu ihrem Tod. (...) Im Noviziat lehrte sie mich ein kurzes Gebet, das ich noch bis heute bete: Mutter der Immerwährenden Hilfe, ich komme zu dir, wie zu einer Mutter mit all meinen Schmerzen und in all meinen Nöten. In jedem Moment meines Lebens, ob am Tag oder in der Nacht komm mir zu Hilfe, denn ich bin hilflos. Und in der Stunde meines Todes komm mir zur Hilfe Heilige Mutter Gottes."

Schwester Placyda Putyra erinnerte sich auch, dass Faustina großen Respekt für die Seelsorger hatte: „Eines Tages kam ich in die Küche um Wasser zu holen. Drei ältere Schwestern unterhielten sich über Priester und Beichtväter und sie sprachen sehr kritisch. Ich hatte mich gewundert, dass die älteren Schwestern so sprechen konnten und wollte weg. Schwester Faustina, die in der Küche arbeitete, antwortete darauf folgendes: Entschuldigung. Das gefällt Herrn Jesu nicht. Mögen die Schwestern dieses Gespräch beenden. – Ich bewunderte den Mut einer Novizin, die den älteren Schwestern widersprach. (...) Als ich nach der Gartenarbeit zurückkam, mahnte sie mich öfters: Schwester möge sich abputzen und im Teich abwaschen, denn Schwester könne einem Priester begegnen. Der Priester ist doch wie ein zweiter Christus. Schwester möge es in ihrem Leben nie vergessen, dass man die Priester hochachten soll. Sie haben eine große Würde. Was hätten wir ohne sie gemacht?"

Schwester Regina Jaworska, die mit Faustina im Noviziat war erzählt: „Ich erinnere mich, dass wir sie heimlich beobachteten, als sie etwas schrieb. Eines Tages nahm ich ihr den Notizblock aus der Tasche und wollte hinein schauen. Sie lief mir im Garten nach und ließ das nicht zu."

Das war noch nicht das „Tagebuch", das erst 1933 Pfarrer Michał Sopoćko ihr zu schreiben empfahl. Helena machte sich früher nur Notizen über ihre verschiedenen Erlebnisse und Visionen. Einige von ihnen zeigte sie der Mutter Michaela, aber die machte sich nichts daraus. Danach zeigte sie sie niemandem mehr. In einer schweren Stunde verbrannte sie den ersten Teil ihrer Notizen, die in Wilna entstanden sind. Später, von ihrem Beichtvater überredet, schrieb sie sie wieder nach. Die Aufzeichnungen, die erhalten blieben und sich im „Tagebuch" befinden, erzählen aus diesem Grund ziemlich chaotisch über das Leben von Helena Kowalska. Und was ihre Kindheit und Jugend betrifft, sind die Notizen lakonisch, unvollständig, manchmal sogar ungenau und nicht chronologisch geordnet. Trotz alledem sind sie ein außergewöhnliches Dokument, denn Jesus selbst ließ Faustina seine Offenbarungen aufschreiben und diktierte ihr oft Wort für Wort. *„Sekretärin meines tiefstes Geheimnisses du sollst wissen, dass du mit mir in einer alleinigen Vertraulichkeit bist. Deine Aufgabe ist es, alles dies aufzuschreiben, was ich dir offenbare über meine Barmherzigkeit zum Segen der Seelen, die beim Lesen Trost finden und Mut aufbringen werden zu mir zu kommen. Mein Wille ist es, dass du dem Schreiben jede freie Minute widmest"*. (Tb. 1693)

Das „Tagebuch" beinhaltet nicht nur die Beschreibung der geheimsten Erlebnisse und Empfindungen der Schwester Faustina, sondern auch ganz konkrete katechetische und theologische Informationen. Zum Beispiel finden wir unter der Nummer 93 das

Wichtigste über das Ordensgelübde. Die Schwestern des Ordens der Mutter Gottes der Barmherzigkeit geloben vor Gott die Armut, die Keuschheit und den Gehorsam. Das Armutsgelübde bedeutet den freiwilligen Verzicht auf Eigentumsrecht. Alle Sachen und Geldmittel, die die Schwestern mit sich in den Orden bringen, gehören ihnen dann nicht mehr. Die Schwestern haben auch kein Recht auf Gehalt, Rente sowie auf Almosen oder Geschenke, die sie von anderen Menschen bekommen. Diese einzunehmen oder zu benutzen dürfen sie nur mit Einwilligung der Vorgesetzten. Das Keuschheitsgelübde bedeutet die Ehelosigkeit und den Verzicht auf die körperliche Liebe. Das dritte Gelübde, also der Gehorsam den Vorgesetzten gegenüber war für Faustina von größter Bedeutung.

Auf der nächsten Seite: Blick auf die Südseite des Klosters, wo sich die Kapelle des Leidens Christi befindet. Die andächtige Stimmung dieses Ortes nähert uns den Freuden und Schmerzen, der am meist bekannten Klosterfrau von Łagiewniki.

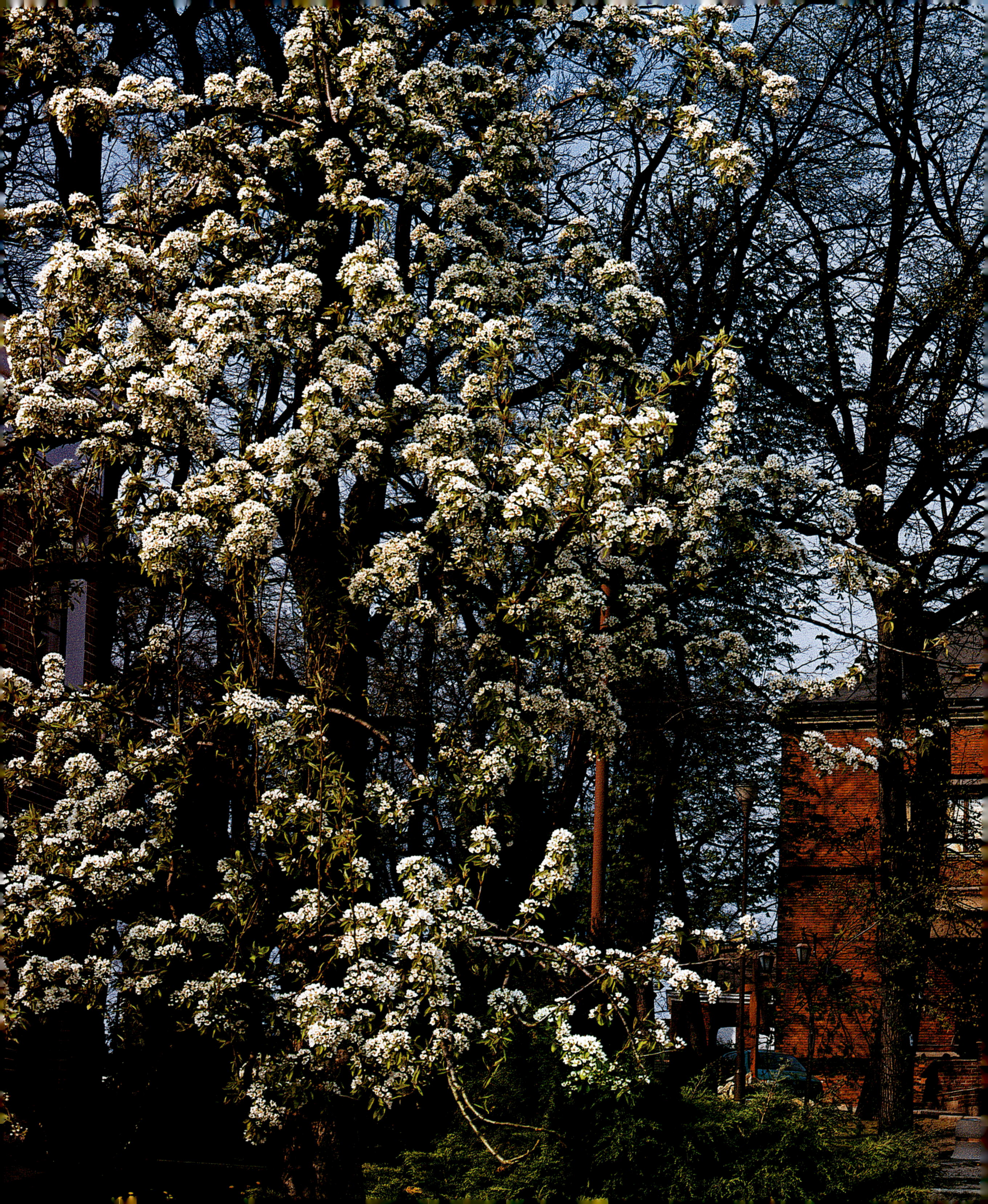

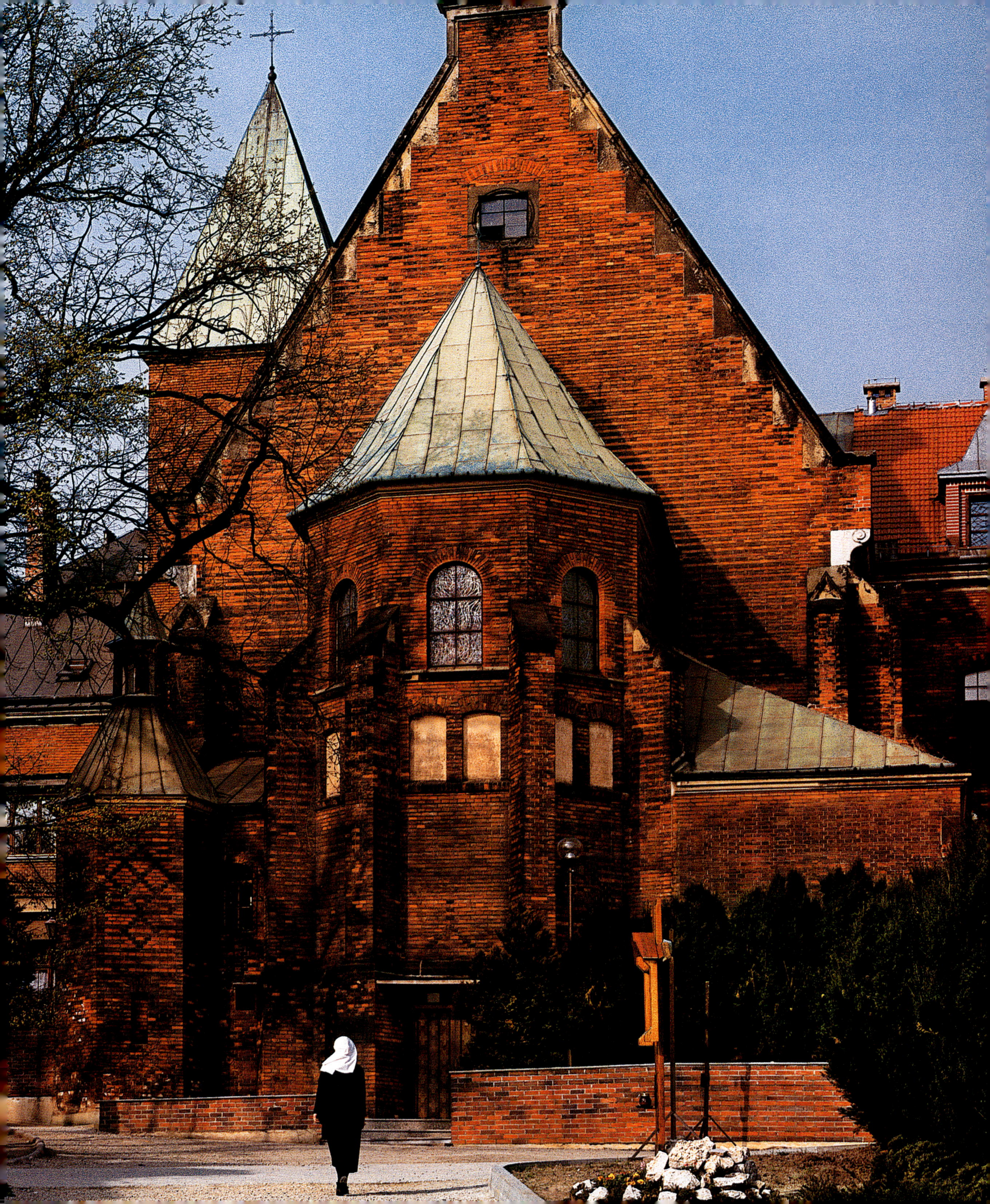

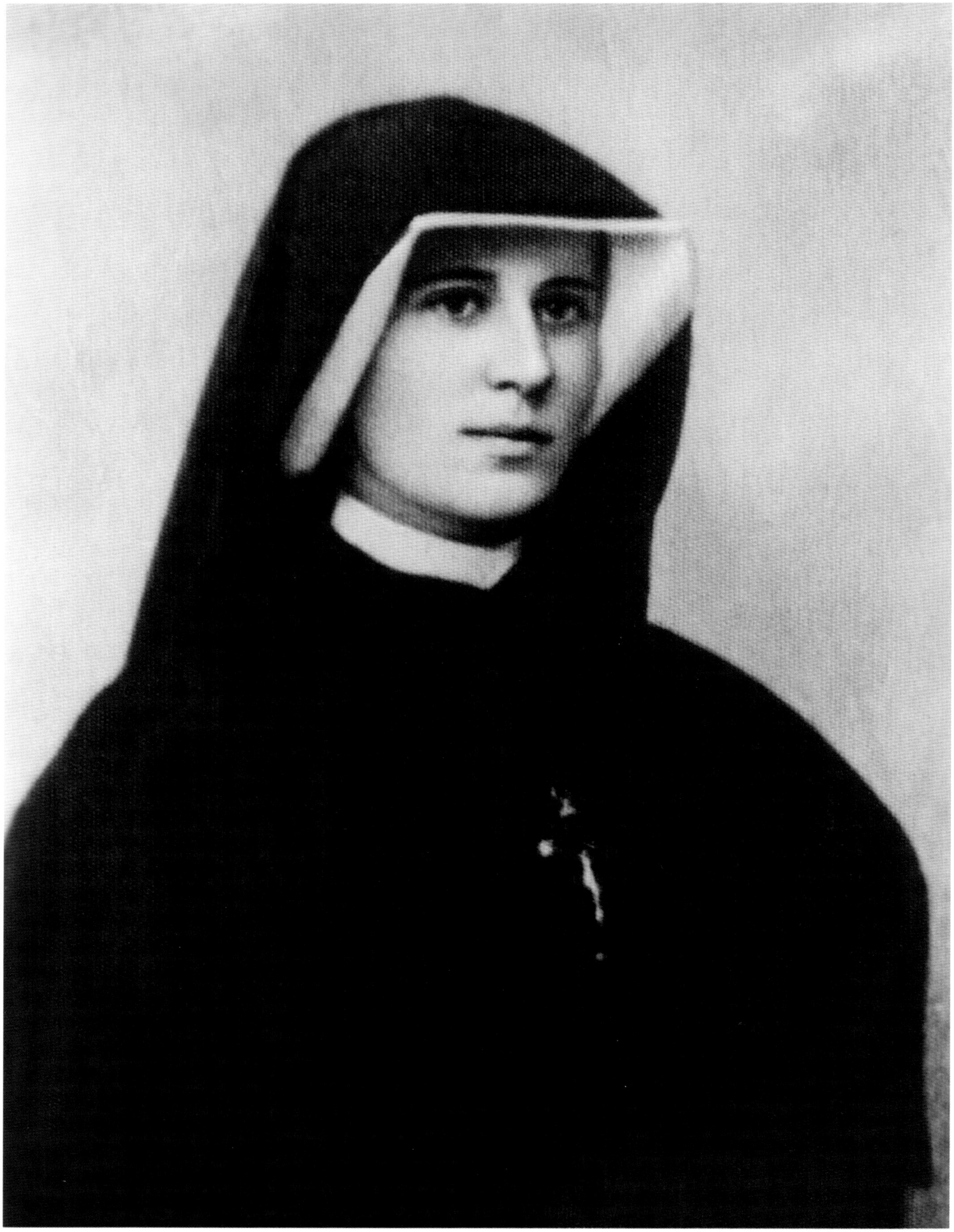

Sie wollte jedem helfen

Warschau, Wilna, Kiekrz, Płock

Schwester Faustina legte ihr erstes Gelübde am 30. April 1928 in Krakau Łagiewniki ab. Zofia Olejniczak, eine Bekannte Helenas aus ihrem Heimatdorf, erinnert sich an die Erzählungen ihrer Eltern über diesen Tag. Sie sagten, sie fühle sich im Orden sehr wohl und sei glücklich. Als sie dies mitbekamen „tat es ihnen sehr leid, dass sie ihr nicht halfen, als sie ins Kloster wollte. Sie erwähnten, dass ihre Tochter sie ums Geld für die Mitgift bat, doch sie lehnten es ab". Über den Aufenthalt Kowalskis in Łagiewniki erzählte auch Zofia Rulka, eine Cousine von Schwester Faustina: „Ich erinnere mich sehr gut an diese Zeit, denn Helenas Eltern kamen bei uns vorbei, sowohl vor der Abreise nach Krakau, als auch gleich nach ihrer Rückkehr ins Dorf. Sie erzählten uns von dem Tag, an dem Helena ihr Gelübde ablegte. Sie durften einige Zeit allein mit Helena verbringen. Sie spazierten im Garten, doch Helena sprach nicht viel, weil sie die meiste Zeit gebetet hatte. Sie wußte, dass der Vater mit ihrer Entscheidung nicht glücklich war, denn er wird keinen Schwiegersohn und keine Enkelkinder von ihr bekommen. Darum sagte sie zu ihm: Siehst du Papa, der, dem ich mein Versprechen gab ist mein Mann und dein Schwiegersohn. Ich erinnere mich, dass Faustinas Vater sehr gerührt war. Er und mein Vater hatten dabei ein wenig geweint..."

„Kurz danach fuhr Helena nach Warschau, wo sie in der Küche für unsere Zöglingsmädchen kochte" – lesen wir in den Erinnerungen der Mutter Michaela Moraczewska nach. „Kinder, die mit ihr dort arbeiteten, schätzten sie sehr. (...) Bei der Arbeit erzählte sie ihnen aufbauende Geschichten und ermutigte sie zu kleinen Opferngaben für Gott. (...) Es hat sich so ergeben, dass Schwester Faustina oft an einen anderen Ort versetzt werden mußte. Sie arbeitete fast in jedem Haus unseres Ordens." In den fünf Jahren des Juniorates (Zeit von dem ersten Gelübde bis zum ewigen Gelübde) wechselte sie ständig die Orte. Zuerst war sie in Warschau in der Żytniastrasse, dann vier Monate in Wilna, wo sie eine Schwester vertreten mußte, die ihre dritte Probezeit absolvierte. Von Wilna hatte man sie wieder nach Warschau geschickt, wo im Bezirk Grochów in der Hetmańskastrasse eine neue Ordensstätte errichtet wurde. Faustina fuhr dann kurz nach Kiekrz, nahe Posen, wo sie eine kranke Köchin, Schwester Modesta Rzeczkowska vertritt. In Kiekrz hatte sie wieder ein mystisches Treffen mit Jesus. Im „Tagebuch" beschrieb sie es auf eine sentimentale Weise: „Eines Tages am Nachmittag ging ich in den Garten und hielt mich am Seeufer auf. Eine Weile dachte ich

Das Bild von Schwester Faustina wurde 1931 in Płock gemacht.

über dieses Naturelement nach. Plötzlich sah ich Herrn Jesu bei mir, der zu mir sprach: *Ich erschuf das alles für dich, meine Braut. Aber du sollst wissen, all diese Schönheit ist nichts im Vergleich zu dem, was ich für dich im Himmel bereitet habe.*" (...) Ich blieb bis zum Abend am Seeufer, obwohl es mir schien, ich wäre nur einen Augenblick dort gewesen. (...) Oh, wie der unendlich gute Gott uns mit seiner Liebe verfolgt. Gott schenkt mir seine Gnade am häufigsten dann, wenn ich sie gar nicht erwarte" (Tb. 158).

Im Oktober 1929 kam Faustina wieder ins Generalhaus des Ordens nach Warschau. Zu dieser Zeit zeigte ihr Jesus ihre Zukunft: „Ich sah eine große Menschenmenge in unserer Kapelle, vor der Kapelle und auch auf der Straße, denn es gab keinen Platz mehr für sie .(...) Alle warteten auf eine Person, die den Platz am Altar einnehmen sollte. Plötzlich hörte ich die Stimme, die mir sagte, ich solle diesen Platz einnehmen" (Tb. 31). Faustina ging dieser Stimme nach. Doch die drängende Menschenmenge bewarf sie mit allem, was sie gerade zur Hand hatte – mit Schmutz, Steinen, Sand, Besen. Sie wurde unsicher, sie bekam Zweifel, doch die Stimme wurde immer lauter. Sie ging also mutig weiter. Als sie bereits in der Kapelle war, wurde sie von ihren Vorgesetzten, von Zöglingsmädchen und sogar von ihren Eltern mit allen möglichen Sachen beworfen. Die letzte Strecke bis zum Altar passierte sie also noch schneller. Als sie dann am Altar, an dem für sie bestimmten Platz saß, begannen die gleichen Leute sie um Gnaden zu bitten. Ihren früheren Angriff hatte Faustina ihnen nicht übel genommen. Sie war ihnen sogar dankbar dafür, denn dadurch hatte sie schneller den für sie bestimmten Platz erreicht. Dort bekam sie vom Herrn zu hören: *„Tue, was du tun willst, schenke die Gnaden wie du es willst, wem du es willst und wann du es willst"* (Tb. 31). Faustinas Visionen aus dieser Zeit sagten vorher, dass Gott die schönste polnische Stadt Warschau bestrafen wird und das Generalhaus des Ordens verläßt, wo Faustina zu dieser Zeit war. Sie sah in ihren Visionen einige Mitschwestern und einen Priester, die bereit waren eine Todsünde zu begehen und in die Hölle gingen. Die von Gott Auserwählte hatte diese Gefahren verhindert. Sie hatte die Gnade Gottes bei Seinem Sohn erbeten.

Bei der Erneuerung des vor einem Jahr abgelegten ersten Gelübde, nahm Jesus Faustina ihr Herz weg und schenkte ihr dafür ewige Liebe. Sie sollte sie vor der Versuchung gegen Keuschheit zu verstoßen schützen. Jesus erlaubte ihr auch sein Leiden nachzuempfinden, das ihre Liebe zu Gott und zu den unsterblichen Seelen in ihr stärkte. Das soll eine Liebe sein, die alles ertragen läßt, von nichts fürchtet und stärker ist als der Tod.

Mitte des Jahres 1930 hatte man die Krakauer Mystikerin nach Płock geschickt und von dort für eine kurze Zeit nach Biała, wo ein Bauernhof des Klosters von Płock war. „In Płock war sie bis zu Beginn der dritten Probezeit (Ende 1932) hauptsächlich mit dem Brotverkauf in der Klosterbäckerei beschäftigt" – schreibt Mutter Michaela Moraczewska. Mutter Priorin gestand nach Jahren, dass sie Faustina sehr bewunderte. Obwohl sie so ein reiches Innenleben führte, konnte sie solch prosaische Arbeit trotzdem mit viel Freude und Hingabe ausführen. Sie engagierte sich für jede Arbeit, die sie zu verrichten hatte. Vielleicht wurde sie deshalb von den Zöglingsmädchen aus den „Häusern der Barmherzigkeit", von den Kunden und von vielen anderen Menschen so sehr gemocht. Von den Mitschwestern auch, obwohl unter ihnen auch solche waren, die ihre Einigkeit mit Gott nicht schätzten, sie als

---

„O, mein Jesu, (...) ich will, dass Deine Barmherzigkeit verherrlicht wird, ich will, dass der Triumph der Kirche schneller kommt; Ich will, dass das Fest der Barmherzigkeit auf der ganzen Welt verehrt wird..."
(Tb. 1581)
Diese Wünsche gehen in Erfüllung...

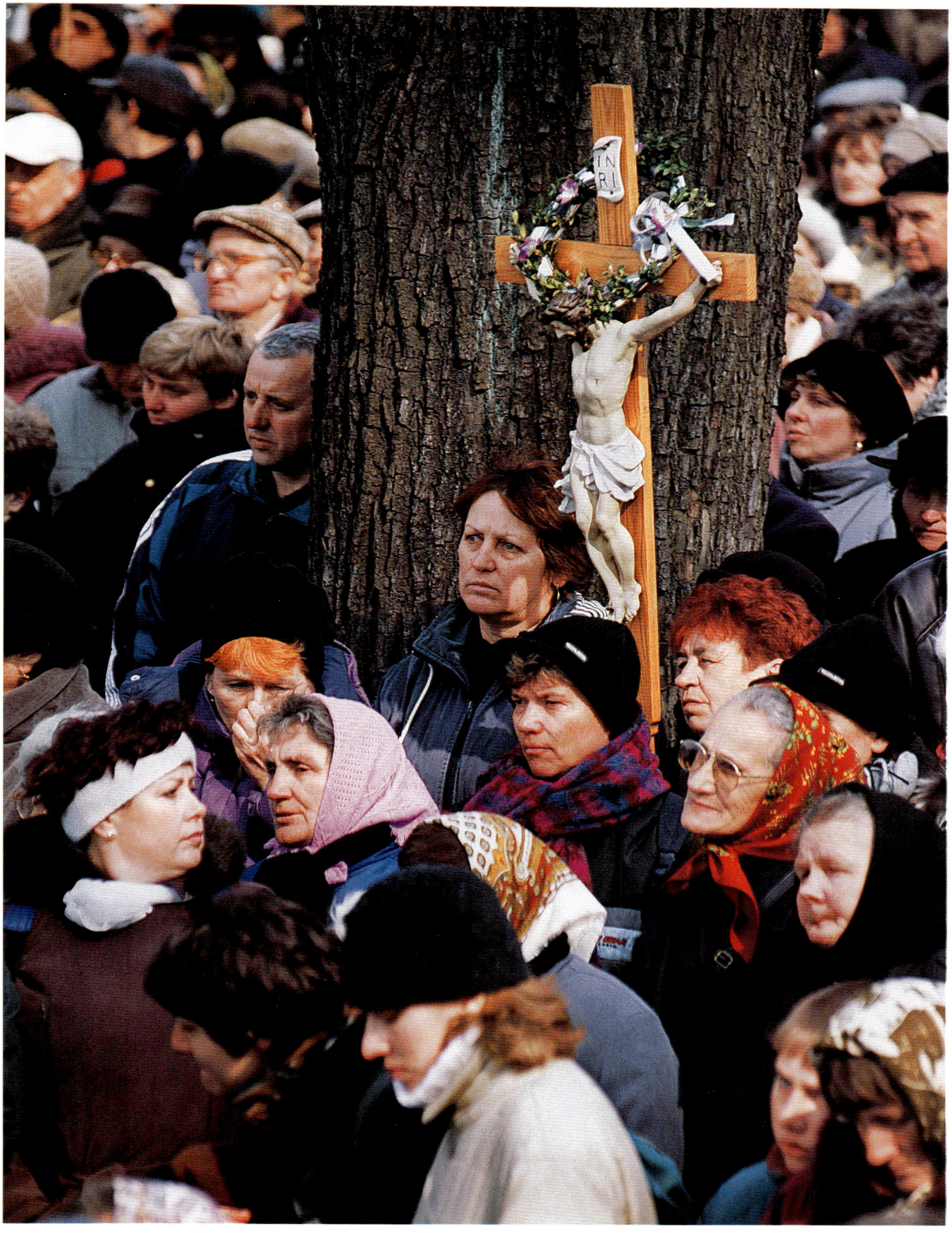
INRI

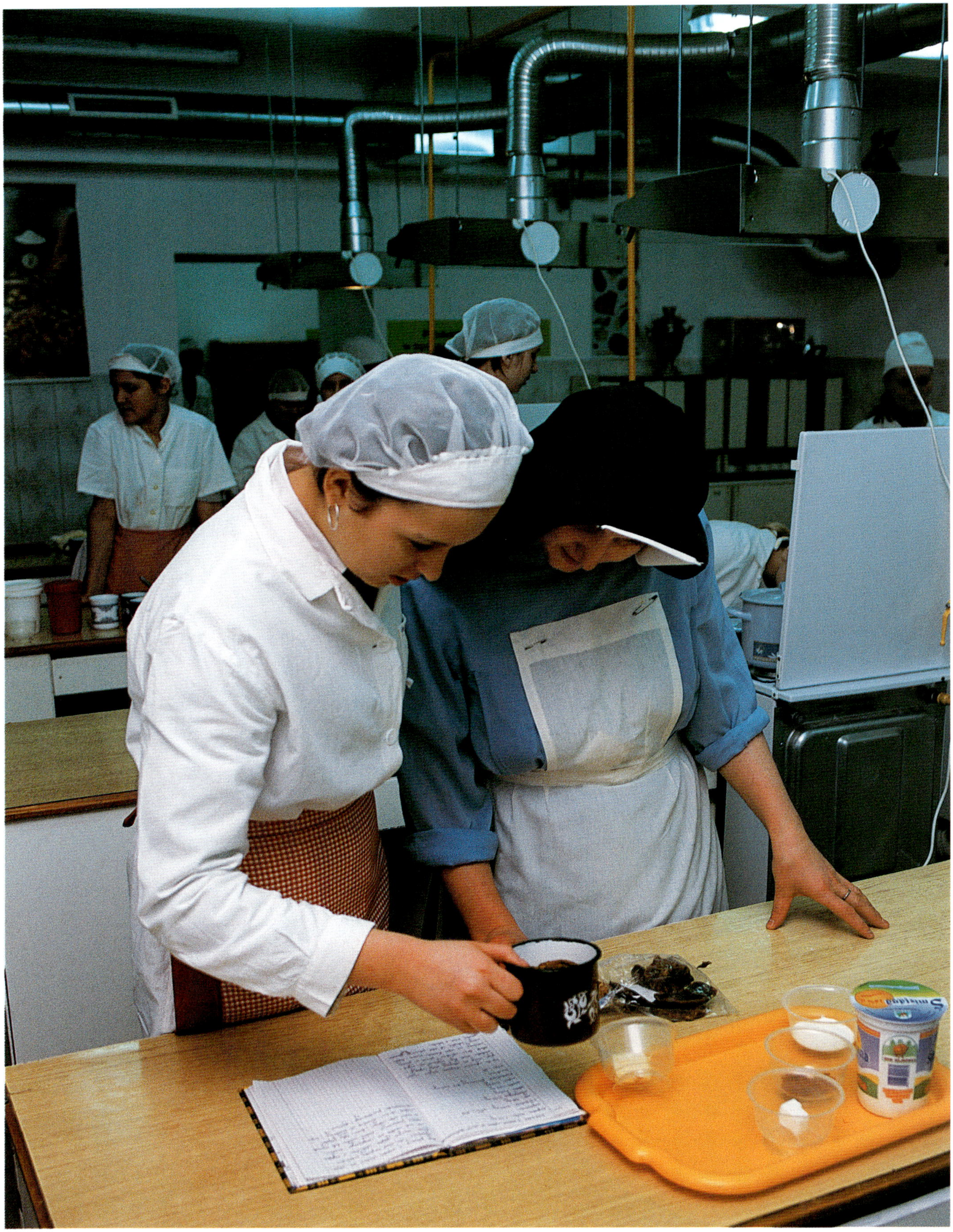

Scheinheilige bezeichneten und sahen sie nur durch ihre auch für eine Klosterfrau außergewöhnliche Frömmigkeit. Aber auch sie hatten mit der Zeit ihre natürliche Güte, die man absolut nicht in Frage stellen konnte, wahrgenommen.

In Płock half Faustina in der Klosterküche mit und arbeitete in der Bäckerei. Schwester Paulina Kosińska erzählt, Faustina „hätte dort viele Gründe um sich zu ärgern. Die Küche war eigentlich keine richtige, eher ein Durchgang und dazu noch sehr schmal. Mann müsse eine Engelsgeduld haben, um sich über die, die ständig vorbei gingen, nicht zu ärgern. Man hatte sich stets gegenseitig gestoßen, doch es gab keinen anderen Durchgang und an der Klosterpforte klingelte es sehr oft. Faustina war jedoch immer ruhig und fröhlich, zeigte nie, dass es ihr zu anstrengend sei. Erst nach Faustinas Abreise, als eine andere Schwester ihre Arbeit in der Küche übernahm, hörten wir, wie sie jammerte und sich ständig beklagte. Erst dann kamen wir darauf, dass Faustina das alles erduldete, und nie ein Wort darüber verlor."

Das gute Herzlein der kleinen Helenka wurde zum liebevollen Herz der Schwester Faustina. Als die anderen Mitschwestern den Kontakt mit der psychisch kranken Schwester Sebastiana mieden, hatte sich die Auserwählte Gottes geduldig und gern mit ihr unterhalten und opferte ihr ihre Freizeit. Als wiederum eine andere Schwester aus dem Kloster verwiesen werden sollte, sprach Faustina bei der Mutter Oberin für sie und bot sie, der verlorenen Klosterfrau zu helfen anstatt sie wegzuschicken. Diese Bitte wurde erhört... „Sie wollte jedem helfen, das Leben leichter machen oder eine Freude bereiten" – erinnert sich Wiktoryna Nawrot. „Ich hatte nie bemerkt, dass sie bei den Menschen jemals eine Ausnahme gemacht hatte. Ihre direkte „Vorgesetzte" in Krakau – Schwester Klemensa, Gärtnerin – behandelte Faustina nicht besonders nett, doch sie entgegnete ihr mit der gleichen Liebe, die sie den anderen Mitschwestern entgegnete." Das Entgegenkommen, die Freundlichkeit und die Selbstlosigkeit hatten bei Faustina auch diese Klosterfrauen bemerkt, die sie nicht gerade mochten. Und solche gab es viele. Manche hatte Faustina aus Sorge und in gutem Glauben die Wahrheit ins Gesicht gesagt und sie damit beleidigt. Sie war viel zu offenherzig, aber niemand hat es gern, wenn man ihm seine Schwächen zeigt. Doch mit ihrer Heiterkeit und ihrem großen offenen Herzen siegte sie immer über die Beleidigungen und Abneigungen der anderen. „Eines Tages kam sie in die Bäckerei und sagte, dass sich einige Schwestern gestritten und damit Herrn Jesu beleidigt hatten und wir sollen ihm das genug tun" – erzählt Schwester Krescencja Bogdanik. „Sie schlug vor, wir sollen auf ein kurzes Gebet in die Kapelle gehen und Herrn Jesu um Verzeihung bitten für diese Schwestern. Es gingen noch zwei andere Schwestern mit uns mit."

Faustina wurde schwächer und man hatte sie nach Biała, nahe Płock versetzt. Dort war gerade eine Gruppe der Zöglingsmädchen auf Erholung. Eine von ihnen, Urszulka, fand kaum Worte um Faustina zu loben. Nach getaner Arbeit in der Küche, obwohl sie müde war, verbrachte Faustina Zeit mit den Mädchen. Sie erzählte ihnen interessante Geschichten und spielte mit ihnen. Die begeisterte Urszulka hatte dann ihrer Mutter Erzieherin folgendes berichtet: „Mütterchen, wie intelligent die Schwester Faustina ist und welch großes Herz sie hat!" Als Schwester Wiktoria Nawrot Schwierigkeiten hatte und sehr betrübt war, hatte Faustina das bemerkt, kam auf sie zu, sprach mit

In den modernen Häusern der Barmherzigkeit lernen die Mädchen kochen. Sie werden dort für ihren weiteren Lebensweg vorbereitet, damit sie gute Ehefrauen, Mütter und Hausfrauen werden.

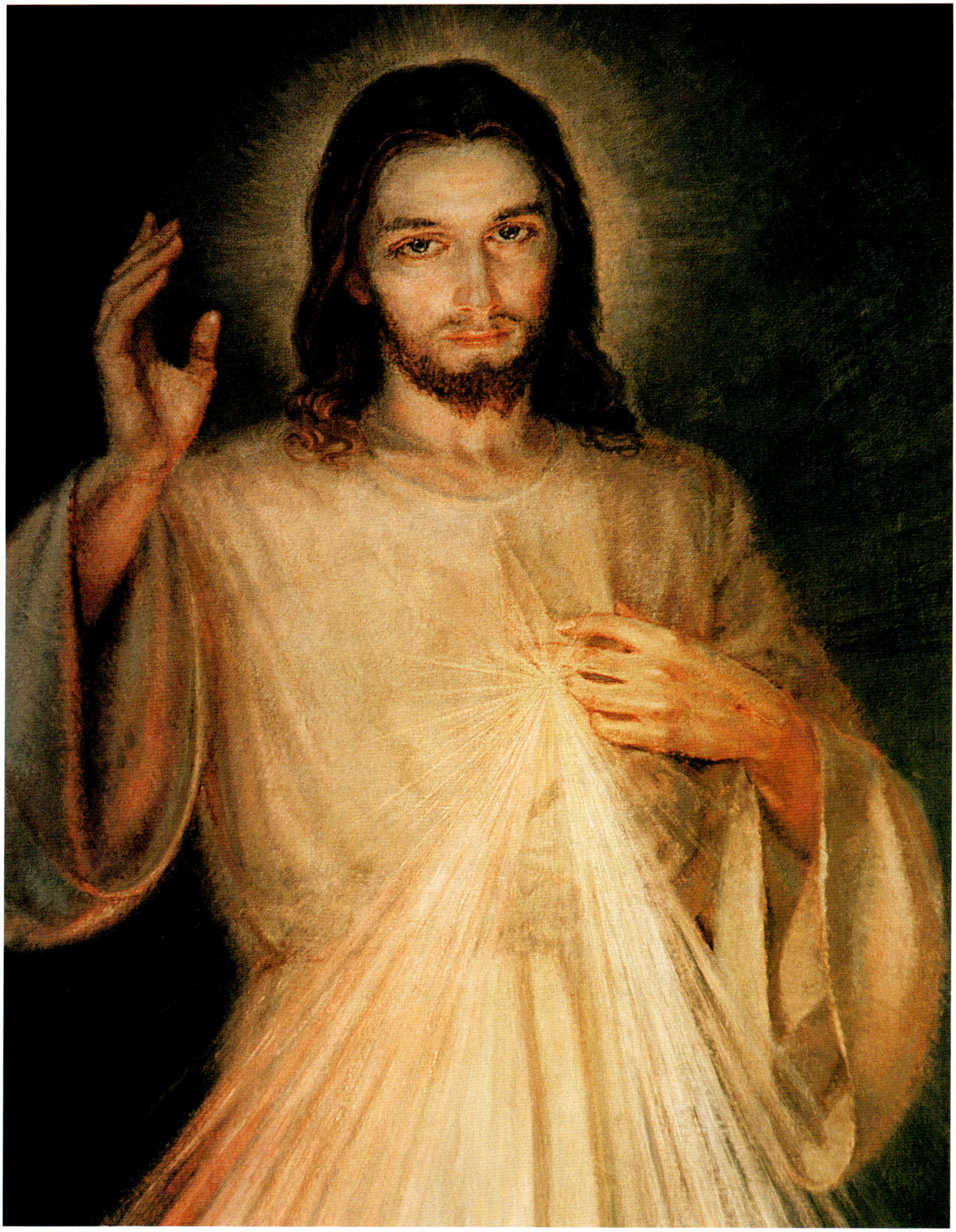

Die Offenbarung von Płock

Der Sonntag, der 22. Februar 1931 blieb nicht nur in Faustinas Gedächtnis unvergeßlich. Dieser Tag ging in die Geschichte ein als der Tag, an dem Gottes Sohn sich Faustina in jener Gestalt offenbart hatte, die man heute in der ganzen Welt, als den Barmherzigen Jesu kennt und verehrt. „Am Abend, als ich in meiner Zelle war, sah ich Jesus im weißen Gewand" – schreibt Faustina. „Eine Hand hob Er hoch um zu segnen, die zweite berührte sein Gewand an der Brust, wo aus einer Öffnung zwei Strahlen auseinandergingen. Der eine Strahl war rot und der zweite blaß. Schweigend schaute ich unseren Herrn fest an, meine Seele wurde mit Furcht aber auch mit großer Freude überfüllt. Dann sprach Jesus zu mir: *Male ein Gemälde, nach diesem Bild, das du jetzt siehst mit der Aufschrift: Jesu, ich vertraue Dir. Ich will, dass dieses Bild erst in eurer Kapelle und dann auf der ganzen Welt verehrt wird. Ich verspreche jeder Seele, die das Bild verehren wird, dass sie nicht verloren geht. Ich verspreche auch, bereits hier auf Erden, den Sieg über Feinde besonders in der Todesstunde. Ich selbst werde sie, wie meinen Ruhm beschützen.* Als ich darüber mit meinem Beichtvater sprach, bekam ich als Antwort: (...) male Gottes Bild in deiner Seele. Und als ich vom Beichtstuhl wegging, hörte ich folgende Worte: *Mein Bild ist in deiner Seele. Ich will ein Fest der Barmherzigkeit. Ich will, dass dieses Bild, das du mit einem Pinsel malen wirst, am ersten Sonntag nach Ostern feierlich geweiht wird. Dieser Sonntag soll als Fest der Barmherzigkeit gefeiert werden. Ich will, dass meine große Barmherzigkeit den sündigen Seelen gegenüber von Priestern verkündet wird. Der Sünder soll sich nicht fürchten zu mir zu kommen. Die Flammen der Barmherzigkeit brennen in mir, ich will sie in die menschlichen Seelen einfließen lassen.* Jesus beschwerte sich bei mir mit folgenden Worten: *Das Mißtrauen der Seelen zerreißt mein Innerstes. Noch mehr schmerzt mich das Mißtrauen einer auserwählten Seele; Sie mißtrauen trotz meiner unermeßlichen Liebe, sogar mein Tod reicht ihnen nicht. Wehe einer Seele, die das mißbraucht.* (Tb. 47-50)

Auf das Wohlwollen und auf die Hilfe ihrer Vorgesetzten mußte Faustina dieses mal fast drei Jahre warten. Die Visionen der Mystikerin aus Głogowiec zu enthüllen war eine sehr schwere Aufgabe auch für die Mutigsten und die Weisesten. (Umso mehr, als 95 % aller Erscheinungen, die von der Kirche überprüft werden, als falsch zu bewerten sind und oft infolge einer psychischen Krankheit entstehen.) „Etwa ein Jahr vor Beginn der dritten Probezeit (Vorbereitung auf das ewige Gelübde) fielen jedoch einige Änderungen vor und bei meinem ganzen Entgegenkommen der Schwester Faustina gegenüber mußte ich ihr Leid zufügen" – gibt Mutter Michaela

„Eine Hand hob Er hoch um zu segnen, die Zweite berührte sein Gewand an der Brust, wo aus einer Öffnung zwei Strahlen auseinandergingen" (Tb. 47). – In dieser Gestalt offenbarte sich Jesus Faustina.

Moraczewska zu. „Damals hatte ich von der Mutter Oberin aus Płock erfahren (Róża Kłobukowska), dass Faustina während der Erscheinung einen Auftrag bekam, das Bild der Barmherzigkeit Gottes zu malen. Solange ihr reiches Innenleben innerhalb der Klostermauern eingeschlossen wurde und ein Geheimnis zwischen Gott, ihrer Seele und ihrer Vorgesetzten war, solange hatte ich mich gefreut. Denn ich sah in allen diesen Gnaden eine große Gabe Gottes. Die Erscheinungen Faustinas drängten jetzt aber nach außen. Ich hatte damals große Angst davor, in das Leben der Kirche die Novitäten und falschen Andachten einzuführen. Als Mutter Priorin fühlte ich mich für unser Orden verantwortlich. Ich hatte befürchtet, Schwester Faustina hätte vielleicht eine ausschweifende Fantasie oder wäre hysterisch, weil das, was sie vorhersagte, nicht immer in Erfüllung ging. (...) Sofern ich gerne und aufmerksam zu hörte, wie sie mir ihre schönen und tiefen Gedanken mitteilte und über ihre übernatürliche Aufklärungen ehrlich und einfach erzählte, aber wenn sie um Taten bat, die nach außen ihre Wirkung zeigen sollten, betrachtete ich es mit großer Zurückhaltung und bat immer einen Theologen um Rat."

Faustina wollte das Bild Jesu malen, doch niemand wollte ihr dabei helfen. Sie hörte jedoch nicht auf und suchte nach Möglichkeiten um den Willen Gottes zu erfüllen. Sie bat sogar eine ihrer Mitschwestern, Bożena Pniewska um die Fertigung des Bildes, als sie von der Priorin das Leinen und Farben bekam. Die Klosterfrau lehnte es jedoch ab, da sie keine Begabung dazu hatte. Die allein gelassene Auserwählte Gottes wußte sich nicht zu helfen. Im November 1932 verließ sie Płock um in Warschau die dritte Probezeit zu beginnen. Als äußerst schwierig erwies sich die Vorbereitung Faustinas zum endgültigen „Ja", das sie zu Gott sagen sollte. Sie steht vor einem so wichtigen Moment ihres Lebens und Herr Jesus mahnt sie: *Wenn du die Fertigung des Bildes unterläßt und das ganze Werk der Barmherzigkeit vernachlässt, sollst du wissen, dass du für eine große Menge Seelen am Jüngsten Tag die Verantwortung tragen wirst.* Nach diesen Worten des Herrn trat große Furcht in meine Seele ein. Ich konnte keine innere Ruhe finden. Diese Worte klingelten in meinen Ohren: Ich soll also am Jüngsten Tag nicht nur für mich selber die Verantwortung tragen, sondern auch für die anderen Seelen. (...) Ich fiel auf das Gesicht vor dem Allerheiligsten Sakrament und sagte zum Herr: Ich tue alles, was in meiner Macht steht, aber ich bitte Dich, sei immer bei mir und gib mir die Kraft um Deinen heiligen Willen zu erfüllen. Gott, Du kannst alles und ich allein, ohne Dich, nichts." (Tb. 154) Sie fühlte sich durch das Mißtrauen ihrer Vorgesetzten verletzt. Besonders schmerzten sie die Ermahnungen von Mutter Janina Bartkiewicz. Diese Mutter, die sie früher so gut verstanden hatte, warnte sie jetzt mit scharfen Worten vor den falschen Wegen. Faustina fühlte sich ratlos und verlassen und das ewige Gelübde rückte immer näher und näher. Weil ihre Seele so sehr litt, war es nicht verwunderlich, dass auch der Körper geschwächt wurde. Der Besuch beim Arzt hatte nichts gebracht, doch die Schmerzen hörten nicht auf. Dem Arzt unterlief wahrscheinlich ein Fehler bei der Diagnosenstellung, denn in Kürze hatte man dann bei Faustina die Tuberkulose in der Lunge und in der Speiseröhre festgestellt. Die Krankheit war bereits im fortgeschrittenen Stadium.

Auf der Vorderseite: Płock wurde zu einer besonderen Stadt im Leben der heiligen Faustina. Dort offenbarte sich ihr der Sohn Gottes in dieser Gestalt, die als Barmherziger Jesu jetzt auf der ganzen Welt verehrt wird.

Aber wie es im Leben so ist, wechseln die Sorgen mit helleren Momenten ab. „Ich kam für die dritte Probezeit nach Warschau. Nach einer herzlichen Begrüßung mit den lieben Müttern, ging ich in eine kleine Kapelle. Plötzlich verspürte ich in meiner Seele die Gegenwart Gottes und hörte folgende Worte: *Meine Tochter, ich will, dass dein Herz ein Abbild meines barmherzigen Herzens wird. Meine Barmherzigkeit muß dich voll durchdringen.* Die liebe Mutter Meisterin (Małgorzata Gimbutt) fragte mich gleich, ob ich in diesem Jahr schon an den Einkehrtagen teilgenommen hatte. – Ich sagte, nein. – Schwester soll also zuerst mindestens an drei Einkehrtagen teilnehmen. Gott sei dank gab es zu der Zeit acht Einkehrtage in Walendów (nahe Warschau, dort gab es damals ein Erziehungsheim für Mädchen, 1936 wurde dort eine Abteilung für vorbestrafte Frauen und Mädchen errichtet) und ich konnte diese Gelegenheit nützen." (Tb. 167)

Die Abreise nach Walendów im November 1932 brachte für die betrübte Faustina eine große geistige Hilfe. In Walendów lernte sie eine verwandte Seele, den Jesuitenpater Edmund Elter kennen. Er war ein hochgebildeter, weiser Priester und hielt an der päpstlichen Universität Gregorianum in Rom Vorlesungen. „Dieser Pater (...) kam für kurze Zeit nach Polen und es hatte sich so ergeben, dass er die Einkehrtage führte" – lesen wir im „Tagebuch" (172). „Man sah ihm an, dass er ein reiches Innenleben hatte und ein Mann von großem Geist war. Diesen Priester zeichneten die Bereitschaft zur Buße und die Andacht." Pater Elter erkannte sehr schnell die Sorgen und die Zerrissenheit in Faustinas Seele, obwohl er die Klosterfrau erst kennengelernt hatte. Er sagte zu ihr: „Schwester soll beruhigt sein. Jesus ist ihr Meister. Schwester, ihre Gemeinschaft mit Jesus ist weder Hysterie, Träumerei, noch Einbildung. Schwester soll wissen, dass sich Schwester auf gutem Weg befindet. Ich bitte Sie, Schwester, Schwester solle sich bemühen um diesen Gnaden treu zu bleiben und dürfe sich auf keinen Fall von ihnen entfernen. (...) Wenn Herr Jesus nach etwas verlangt, was sich draußen befindet, dann solle Schwester das auch nach Absprache mit dem Beichtvater erfüllen. Es ist auch gleichgültig, wieviel das alles Schwester kosten werde. (...) Schwester solle um einen Seelenhirt beten, anders werde Schwester die großen Gaben Gottes vergeuden. (...) Auf nichts achten, aber immer Herrn Jesu treu sein. Nicht beachten, was die anderen Schwestern sagen werden. Eben mit solchen armseligen Seelen feiert Herr Jesus Gemeinschaft. Und je mehr Schwester sich ergeben wird, desto mehr wird sich Herr Jesus mit Schwester vereinen". (Tb. 174) Diese Worte waren wie ein Balsam für die Seele Faustinas und halfen der Auserwählten Gottes einen Entschluß zu fassen, immer ihrer inneren Anregung treu zu sein, ganz gleich auf welche Hindernisse sie stoßen wird und was für ein Preis sie dafür zahlen werden muß.

Das ewige Gelübde

Der Alltag hatte aber seine eigenen Gesetze. Die seelischen Qualen und die körperlichen Schmerzen, die wahrscheinlich im Zusammenhang mit der fortschreitenden Tuberkulose zu verbinden sind, machten ihr zu schaffen. Es gab Tage, in denen sie die Aufgaben, die sie zu erfüllen hatte, nicht besonders gut lösen konnte. „Als sie zu der dritten Probezeit nach Warschau kam, wurde sie mir als Aushilfe in der Nähwerkstatt und in der Kleiderkammer zugeteilt" – erinnert sich Schwester Zuzanna Tokarska. „Sie war mir jedoch keine besondere Hilfe, weil unsere Charaktere und Temperamente sehr unterschiedlich waren. Ich war die Marta und sie die Maria... Schon damals war sie in ihren Gedanken mit Offenbarungen und Anweisungen von Herrn Jesus beschäftigt. Die Arbeit nahm sie sich nicht so sehr zu Herzen, ganz gleich wieviel zu tun war. Sie brauchte sehr viel Zeit um etwas zu erledigen. Wenn jemand sie inzwischen um Hilfe oder um Vertretung bat, hatte sie ihn auch nie abgewiesen. Als sie dann endlich in die Kleiderkammer kam, war ich verärgert, weil so viel Arbeit zu erledigen war und sie sich verspätet hatte. Sie hörte mir gelassen zu und lächelte sogar dabei. Ich regte mich auf, weil sie sich nichts daraus machte. Und einen Augenblick später fragte sie mich, ob sie zu geistigen Übungen gehen darf. In solchen Situationen ließen mich die Kräfte in Stich und ich beschwerte mich bei den vorgesetzten Schwestern. Meine Beschwerden blieben allerdings erfolglos, weil sie über ihr Innenleben Bescheid wußten. Als ich mich dann überzeugte, dass ich mit meinen Bitten und Mahnungen keinen Erfolg haben werde, riss ich mich zusammen und wartete bis Faustina ihre dritte Probezeit beenden wird. Ich wollte sogar um die Versetzung Faustinas zu einer anderen Arbeit ansuchen. Ich wußte jedoch, dass ich niemanden für sie bekommen werde und ein bißchen Mithilfe war doch besser als gar keine. Und schließlich wurde auch meine Selbstliebe dabei gekränkt, ich hatte Angst, was die anderen Mitschwestern über mich denken werden." In den Erinnerungen, die Schwester Zuzanna im Jahr 1951 niederschrieb, gab sie zu, sie hätte doch um die Versetzung ansuchen sollen: „Ich hätte dann keine Gewissensbisse bekommen, dass ich eine Heilige so schlecht behandelt habe".

Diese Skrupel waren jedoch unnötig. Solche Interessenkonflikte waren in einem Orden nicht außergewöhnlich. Diese Schwestern, die sich auf das Gelübde vorbereiteten, hatten mehr geistige Übungen zu absolvieren und dadurch naturgemäß weniger Zeit für die Arbeit. Die Klosterfrauen aber, die für die Ausführung der Arbeit verantwortlich waren, mußten alles daran setzen, dass die Arbeit auch wirklich termingerecht erledigt werden konnte. Die Schwestern Probandinnen gewöhnten sich also daran und lernten all die

„Meine Gemeinschaft mit Gott ist seit dem ewigen Gelübde so eng wie nie zuvor geworden" (Tb. 254). – Ähnliche Gedanken hatten wahrscheinlich auch diese Ordensschwestern, die am 2. Februar 2002 ihr ewiges Gelübde in der Kirche von Łagiewniki abgelegt hatten.

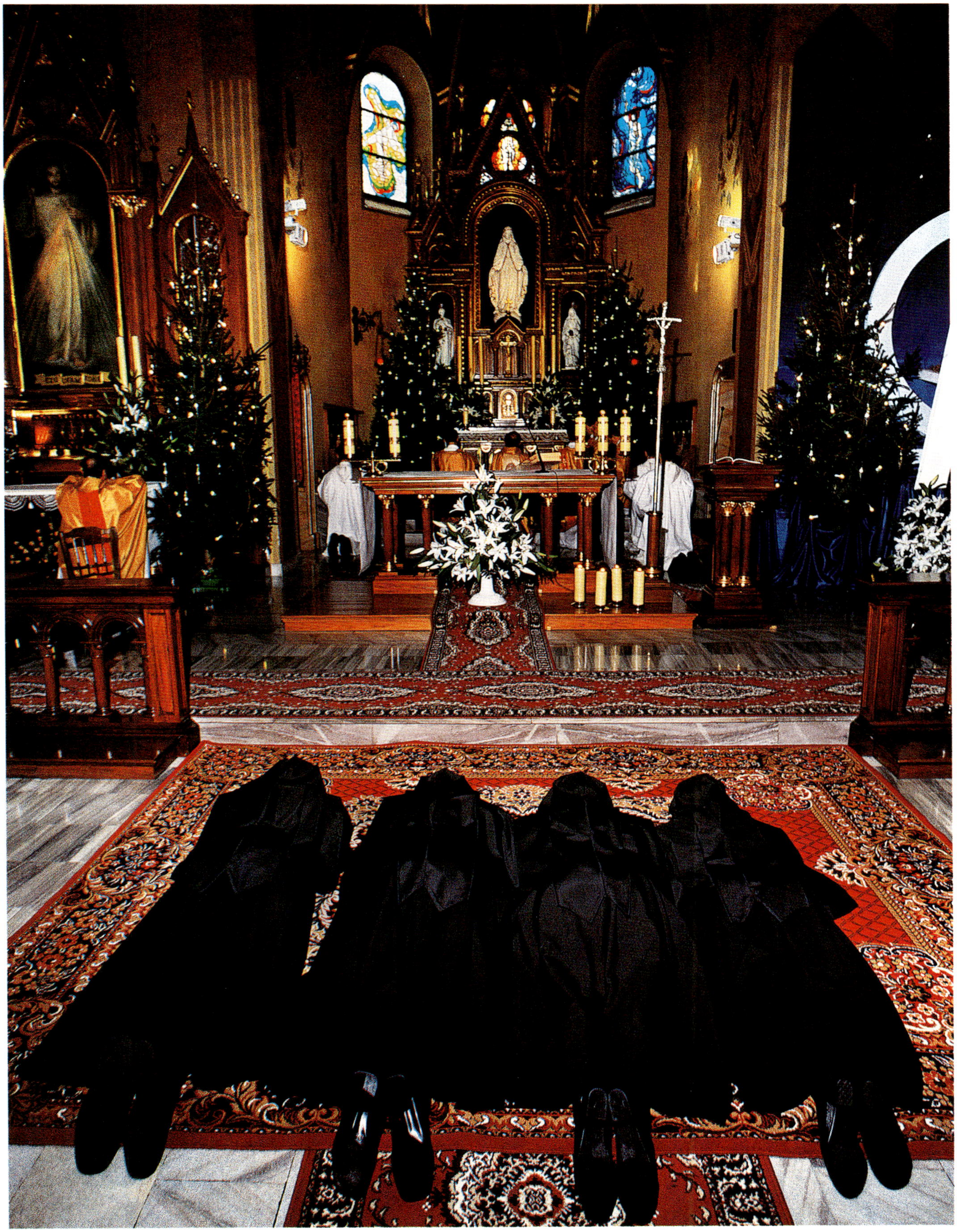

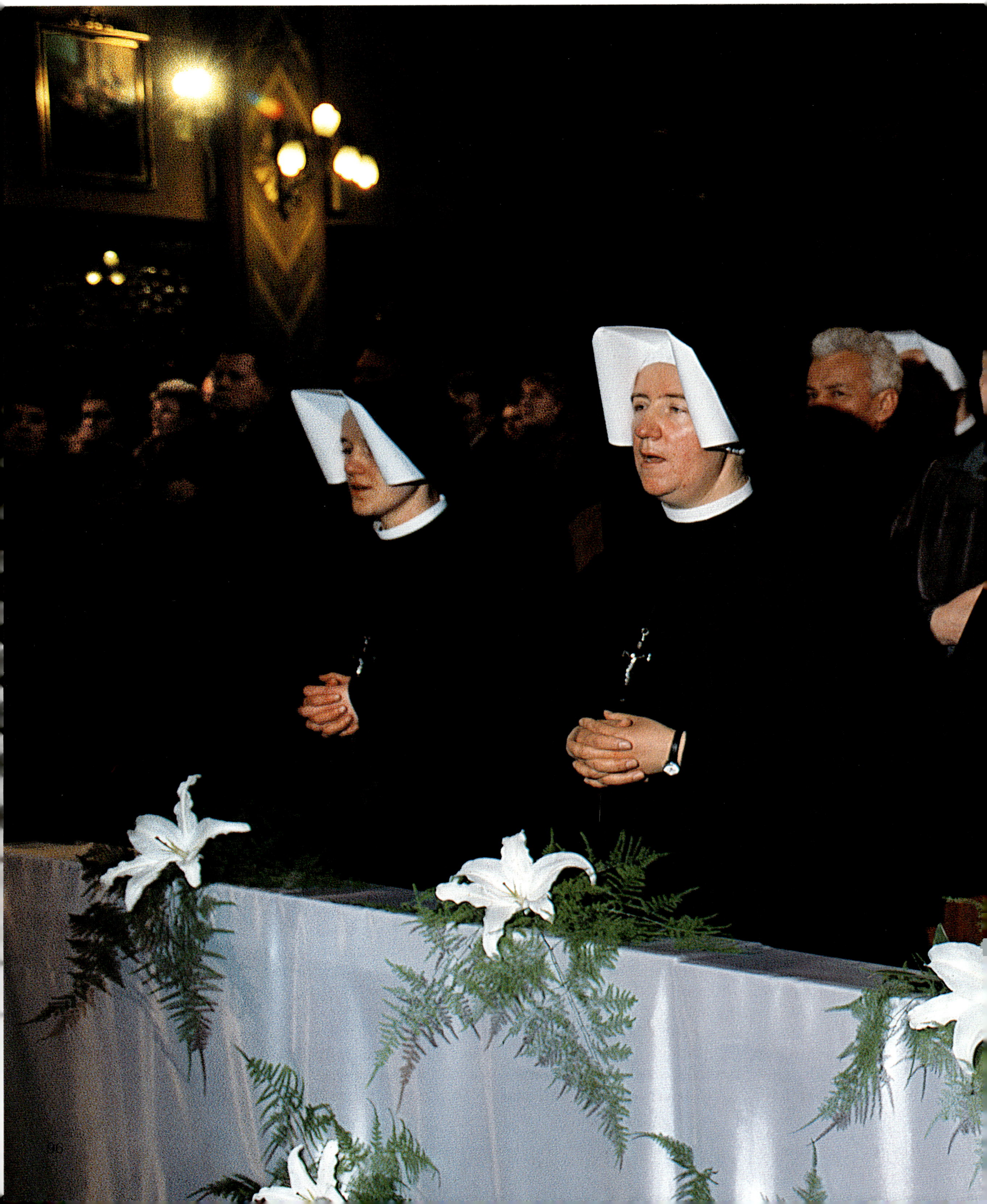

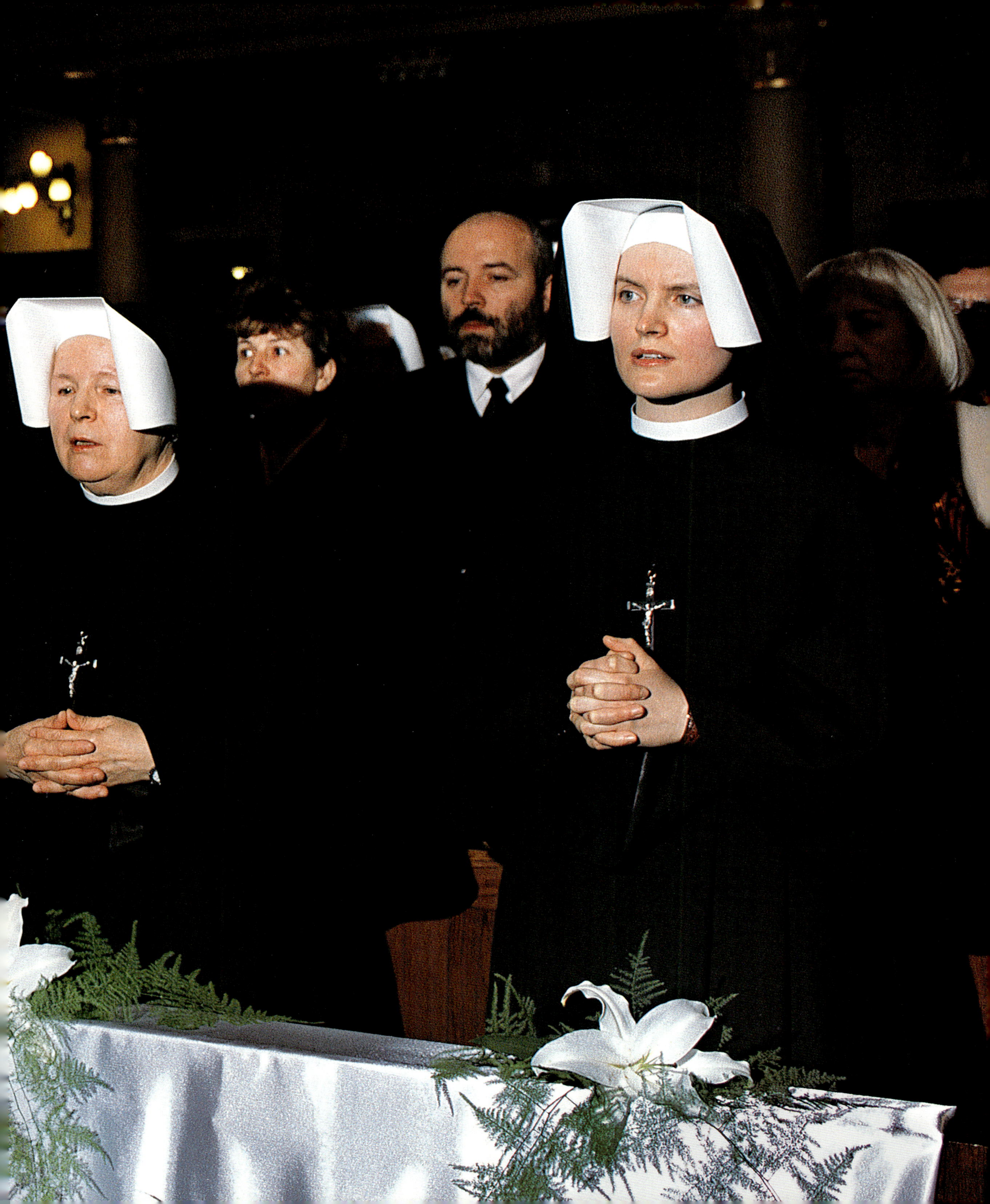

die Gott kennenlernen durfte, könnte ohne Ihn jetzt nicht leben. Es ist mir lieber eine Stunde in der größten Unempfindlichkeit des Geistes am Fuße des Altars zu verbringen, als hundert Jahre des Genusses auf der Welt. Es ist mir lieber ein bedeutungsloses Aschenbrödel im Kloster zu sein, als eine Königin in der Welt." Doch sie fühlte sich wie eine Königin und das auch im Kloster.

Schwester Borgia Tichy erzählte, dass diese Klosterfrauen, die diese einmalige und unfaßbare Ausstrahlung Faustinas nicht verstanden, sie bösartig Burgfräulein oder Königin nannten. Sie hatte es aber geduldig und mit Würde ertragen. Sie scherzte sogar, sie sei eine Königin, weil sie gerade Herrn Jesu empfangen hatte und deshalb in ihren Adern königliches Blut fließt.

Das Ablegen des ewigen Gelübde wurde für Faustina zum nächsten Wendepunkt in ihrem Leben und hinterließ tiefe Spuren. „Ich sah Herrn Jesu, sein Leib war ganz verwundet – und er sagte zu mir: – *Sieh an, wem du gelobt hast.* Ich verstand diese Worte und antwortete Herrn: Jesu, wenn ich Dich so verwundet und erschöpft sehe, liebe ich Dich noch mehr, als wenn ich Dich in Deiner Herrlichkeit sehen würde. Jesus fragte: *Warum?* – Ich antwortete: Deine Herrlichkeit erschreckt mich, ein kleines Nichts, wie ich es bin. Deine Wunden ziehen mich an Dein Herz an und sind ein Zeichen Deiner Liebe zu mir." Faustina verstand auch den Unterschied zwischen dem irdischen Lob und dem himmlischen Preis. „Wenn ich etwas gutes tun werde, werde ich mich vor dem menschlichen Auge verstecken, damit mein Preis dafür nur Gott wird. Ich soll einem im Gras versteckten Veilchen ähneln, das keinen Fuß verletzt, der auf es tritt, sondern so schön duftet. Es vergisst sich selbst dabei und denkt nur daran, dem, der auf es tritt, ein Vergnügen zu bereiten. Obwohl dies für die Natur sehr schwer zu ertragen ist, die Gnade Gottes kommt zu Hilfe." (Tb. 255)

Wieviel theologisches Wissen, wieviel Lebensweisheit und wieviel kindlicher Poesie in diesem Zitat zu finden ist. Auch wieviel Demut, die ein Dorfmädchen, das wahrscheinlich nur zwei oder drei Jahre in die Schule ging, so weit hingeführt hatte. „Dieses Jahr 1933 feierte ich besonders, denn in diesem Jubiläumsjahr des Leidens Christi hatte ich das ewige Gelübde abgelegt. Dass Gott an mir gefallen finden konnte, hatte ich mein Opfer in einer besonderen Weise mit dem Opfer des gekreuzten Christi vereint. Alles mache ich mit Jesus, durch Jesus und in Jesus." (Tb. 250)

Die Feierlichkeiten des Ablegens des ewigen Gelübdes in Łagiewniki am 2. Februar 2002. Von links: Mutter Priorin des Ordens der Schwestern der Mutter Gottes der Barmherzigkeit Maria Gracjana Szewc, Schwester Generalvikarin Maria Oliwia Buczko und Schwester Generalrätin Maria Petra Kowalczyk, Oberin des Ordenshauses in Walendów.

Die Zeremonie des Ablegens des ewigen Gelübdes am 2. Februar 2002 führte Bischof Kazimierz Nycz.

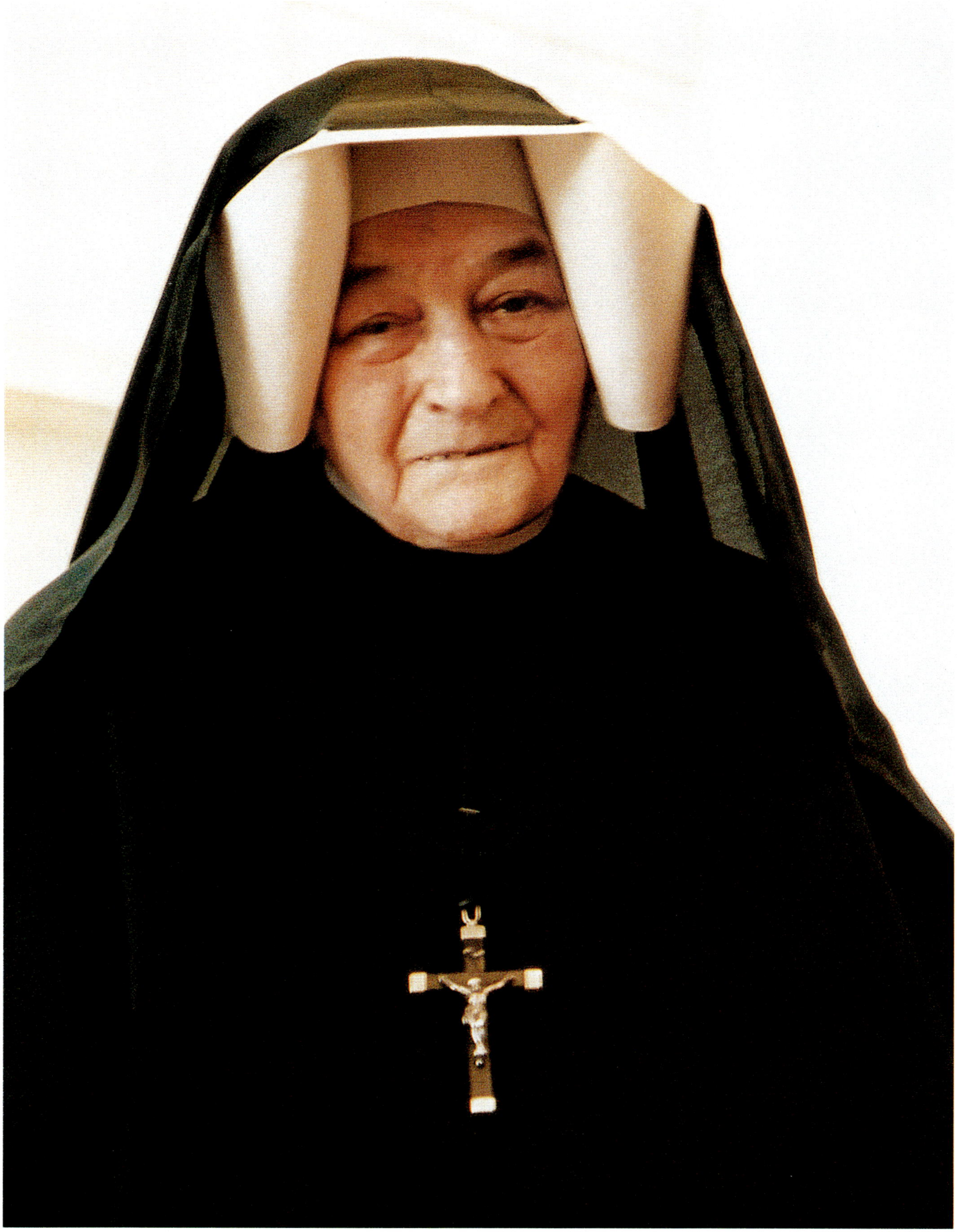

Sie sprach für mich vor Gott

Der 1. Mai 1933 war nicht nur für Faustina ein wichtiger Tag, sondern auch für Kajetana Bartkowiak. Dieses gemeinsame Fest der feierlichen Einkleidung brachte die Klosterfrauen näher zusammen. Zu Kajetana kam der Vater. Nach dem Fest gingen sie gemeinsam in den Garten und trafen dort Faustina. „Sie begann mit meinem Vati zu reden und zog ihn in eine lange Diskussion" – erzählt die noch lebende 91-jährige Schwester Kajetana Bartkowiak. – „Ich war sehr unzufrieden, weil wir wenig Zeit füreinander hatten. Ich liebte meinen Vater sehr und wollte mich an ihm erfreuen. Schnell jedoch vergaß ich diese Unannehmlichkeit und unsere Bekanntschaft wurde viel vertraulicher. Schwester Faustina war mittelgroß (160cm), schlank und recht hübsch. Sie hatte grüngraue, immer lachende Augen, die durch einen ungewöhnlichen Glanz ihre Aufmerksamkeit auf sich zogen und ihr eine besondere Ausstrahlung verliehen. Als Professe kam ich mit den schweren Aufgaben einer Klosterfrau nicht zurecht und hatte sogar die Absicht aus dem Orden auszutreten. Dann redete Schwester Faustina oft mit mir, baute mich auf und überredete mich zum Durchhalten. Sie half mir sehr. Das Außergewöhnlichste jedoch war, dass ich niemandem über meine Schwierigkeiten berichtete und ich weiß auch bis heute nicht, woher sie sie kannte. Als Schwester Faustina nach Wilna weg fuhr, bekam ich zu Weihnachten einen kurzen Brief von ihr. Einmal sprach ich in Krakau mit den Schwestern über Heiligkeit. Ich scherzte und sagte, dass auch Faustina eine Heilige wird. Darauf sagte Schwester Chryzostoma, dass ihr eher Haare auf der Handfläche wachsen würden. Faustina lachte auf und sagte zu ihr: ‚Ich werde Euch, Schwester, noch mehr dafür lieben. Wir alle werden heilig, weil wir Auserwählte Jesu sind.' Ein anderes Mal redeten wir über den Tod und ich sagte wiederum fröhlich zu Faustina: Schwester, was sagst du dazu? – Sterben und heilig werden, dann ist es so, als ob es Schwester gäbe, und doch gibt es Schwester nicht mehr. Und arbeiten könne man dann eigentlich auch nicht. Eine der Schwestern mahnte mich für solch alberne Aussagen über solch ernste Dinge. Ich wollte mich rechtfertigen und sagte, dass wir alle sterben werden, und alle Sündiger sind und darauf sagte Schwester Faustina: ‚Unsere Sünden werden in der Barmherzigkeit Gottes verbrennen, wie ein Grashalm auf einem erhitzten Blech'.

Als sie schwerkrank im Krankenhaus in Prądniki lag, besuchte ich sie oft. Besorgt half sie mir meinen Umhang abzulegen, sagte, ich solle mich setzen, kramte irgendwelche Notizen heraus und las davon. Damals wußte ich nicht, was das war. Heute denke ich, dass dies Fragmente des „Tagebuchs" waren. Sie bot mir Äpfel und Zuckerl an. Als sie aber bemerkte, dass ich Angst hatte von einer infizierten Kranken dies zu nehmen, hatte sie mir versichert, dass sich

Schwester Kajetana Bartkowiak wurde im Jahr 2002, 91 Jahre alt. Sie wohnt im Ordenshaus in Breslau. Sie erinnert sich sehr gut an die Heilige aus Łagiewniki. Wenn sie über sie erzählt, erlebt sie aufs Neue die gemeinsamen Momente mit ihr.

niemand von ihr anstecken würde. Als sich ihr Zustand verbesserte und sie in der Infirmerie im Kloster lag, brachte ich ihr täglich Milch. Wir unterhielten uns nicht, denn dies besagten die Ordensregeln. Ich hatte sie oft besucht und ich hatte bemerkt, dass Faustina trotz ihres Leidens immer nett und heiter war. Niemals war sie ungeduldig, niemals hörte ich sie klagen. Zu Weihnachten hatte ich sie aus dem Krankenhaus ins Kloster gebracht. Wir fuhren in einer Kutsche durch Krakau und sie sagt: Sie sind alle so in Eile. Ich frage mich, ob jemand dabei an Gott denkt. Und wir fuhren wie der hl. Josef und die allerheiligste Maria nach Betlehem. Als sie wieder nach Prądnik kam, sagte die Vorgesetzte eines Morgens zu mir, ich solle Faustina saubere Unterwäsche ins Krankenhaus bringen. Ich kam ins Krankenhaus und klopfte wie immer an ihrer Tür. Stille. Ich klopfte mehrmals. Nichts. Ich öffne die Tür und in ihrem fast immer dunklen Raum, herrschte unnatürliche Helligkeit. Schwester Faustina über dem Bett schwebend, den Blick in der Ferne verloren, so als sähe sie etwas. Sie war irgendwie verändert, anders als sonst. Ich stand beim Schrank mit dem kleinen Altar, unfähig mich zu bewegen oder zu sprechen. Eine Weile danach erwachte sie und begrüßte mich, wie immer, herzlich. Wir unterhielten uns wie immer ein wenig, doch die Helligkeit verschwand nicht, ich sorgte mich sogar um meine Augen. Als ich ins Kloster zurück kam, hatte ich unserer lieben Mutter Oberin Irena Krzyżanowska dieses ganze Ereignis erzählt. Sie befahl mir, es niemandem weiter zu erzählen. Lange hatte ich keine Versuchung irgendjemanden dieses Erlebnis anzuvertrauen. Erst nach dem Tod von Schwester Faustina, als die Mutter Priorin uns über ihre Offenbarungen und Mission aufklärte, kehrten die Erinnerungen zurück.

Ich erinnere mich noch an ein, damals für mich unerklärliches Ereignis. Von der Straßenbahnstation bis zum Krankenhaus, in dem Faustina lag, waren es gut 3 km. Wenn es regnete, oder sehr windig war, oder sonst ein Unwetter herrschte und man einen schweren Mantel anhatte, war dieser Weg ins Krankenhaus sehr anstrengend. Einmal kam ich atemlos an und sie sagte zu mir, dass der Rückweg nicht mehr so mühsam sein wird. Ich beachtete diese Bemerkung nicht. Ich war eine Weile bei ihr und kehrte dann wieder zurück. Ich schaffte es sonst immer bei diesem Weg zwei Rosenkränze zu beten, doch diesmal habe ich erst begonnen zu beten und war schon bei der Straßenbahnstation. Ich dachte, ich hätte mich verirrt, wäre auf einem falschen Weg, doch dort gab es keinen anderen Weg. Als ich wieder im Kloster war, wunderte sich die Mutter Oberin, dass es mir gelang, so schnell zurückzukommen. Ich konnte dies auch nicht fassen. Heute glaube ich, dass sich Schwester Faustina vor Jesus für mich einsetzte und, dass Er mir auf Seine Weise geholfen hat, so schnell anzukommen. Faustina hielt ihre Nähe zu Jesus geheim. Uns, jüngeren Schwestern sagte sie nichts davon, aber sie war immer ein Vorbild für uns. Wir nannten sie „unsere Theologin", weil sie alles erklären konnte, jedes Problem zu lösen vermochte und uns Rat geben konnte. Und sie hatte immer Zeit für uns. Selbst wenn sie sehr beschäftigt war, fand sie Zeit um uns zu helfen. Und wir, junge und unerfahrene Klosterfrauen, gehorchten ihr und kamen mit verschiedenen Problemen zu ihr. Sie wurde gemocht, aber nicht von allen, da sie den Mut besaß ohne zu zögern die Wahrheit zu sagen. Sie hatte auch keine Angst davor, die älteren Klosterfrauen zu kritisieren, und sie zu warnen, dass ihr Verhalten Gott nicht gefällt. Mutig nahm sie auch Diskussionen mit den Schwestern aus dem Chor der Direktorinnen auf.

Weder Schwester Faustina noch Schwester Kajetana konnten die Statue des Barmherzigen Jesu bewundern, die von Prof. Czesław Dźwigaj gefertigt wurde. Sie steht erst seit Kurzem in Łagiewniki, gleich neben der Kapelle des Leidens Christi.

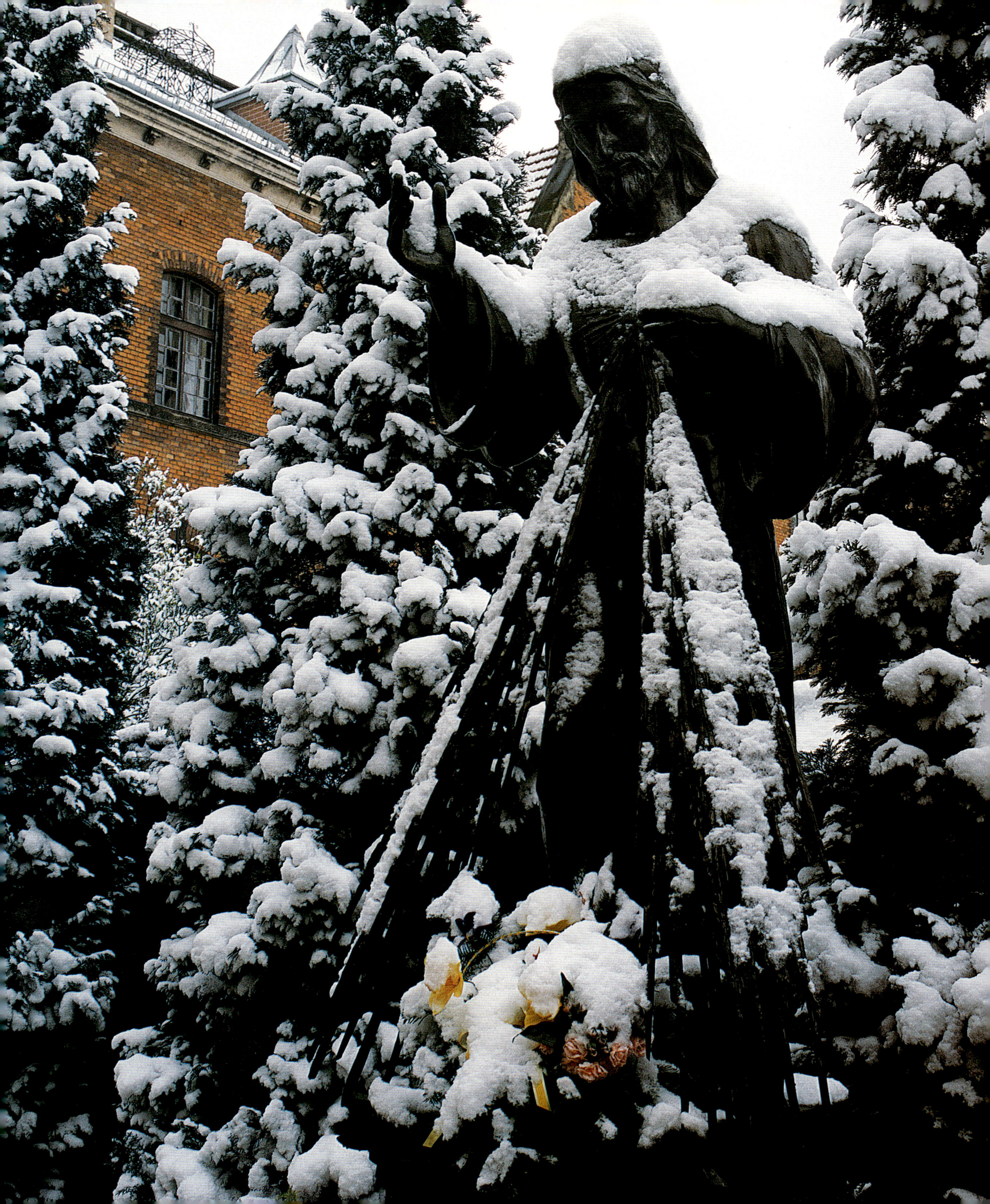

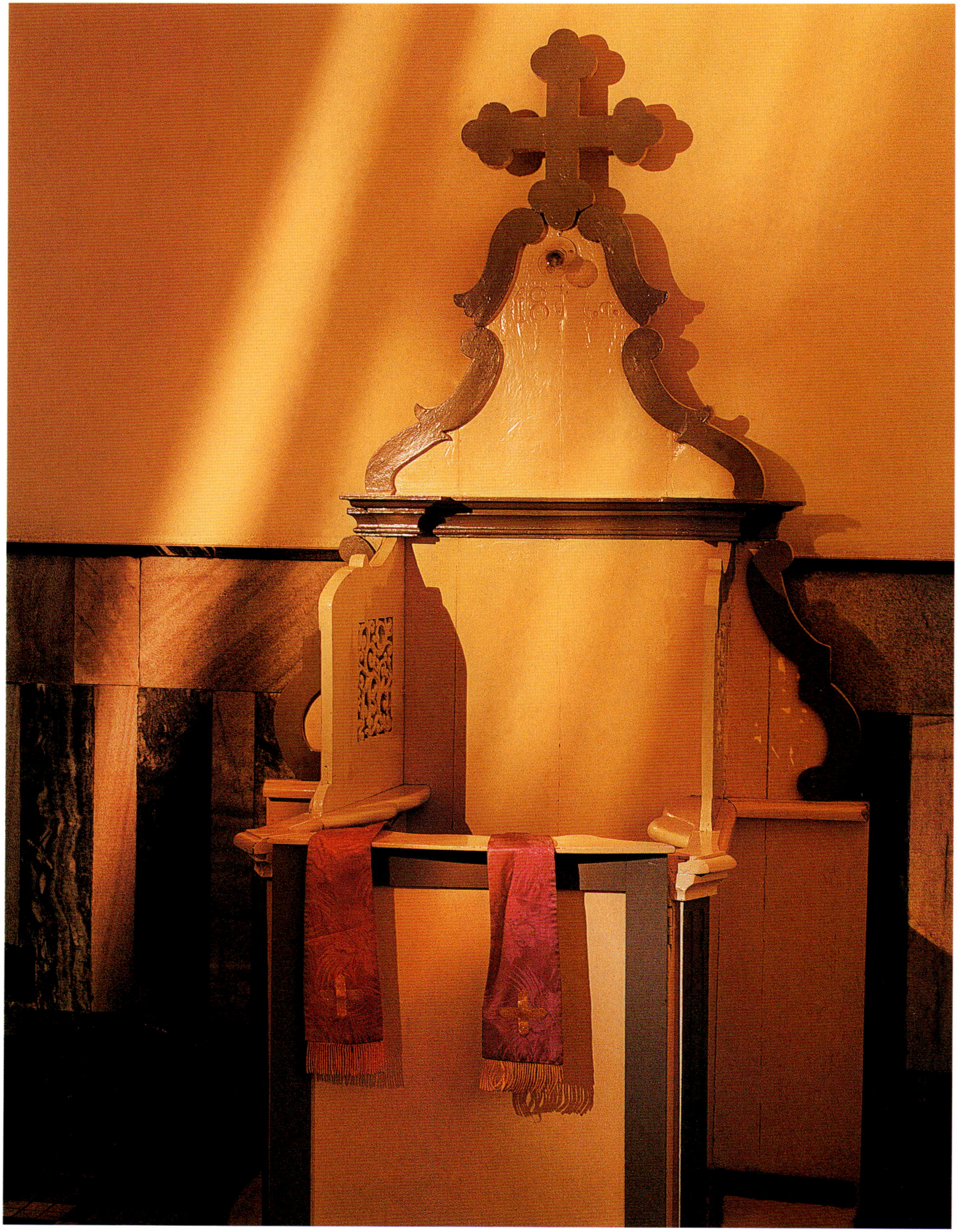

Der lang ersehnte Beichtvater

Nachdem Faustina ihr ewiges Gelübde abgelegt hatte, blieb sie noch einen Monat in Krakau. „Am Fronleichnamsfest fragte ich sie, welche Gnaden sie während der Prozession bekam" – erzählt Regina Jaworska. „Sie antwortete mir, dass sie am vierten Altar den Herrn um einen guten Hirten für ihre Seele bat und Jesus sagte zu ihr: *Ich schicke dich weit weg von hier zu einem anderen Haus und dort wirst du ihn finden.* In Kürze fuhr sie nach Wilna."

Als beschlossen wurde, dass Faustina wieder versetzt wird, war dann am schwersten für sie, von ihrem Beichtvater abschied zu nehmen. „Morgen soll ich nach Wilna fahren. Heute war ich bei Vater Andrasz beichten. Er ist ein Priester vom großen Geiste Gottes, der mir half, die Flügel auszuspannen, damit ich in die größten Höhen emporschwingen konnte. (...) Er ließ mich an die Vorsehung Gottes glauben – vertraue und gehe wagemutig weiter. (...) Er sagte zu mir: Wenn du weiter die Einfalt deines Herzens behältst und weiter gehorsam sein wirst, wird dir auch nichts Schlimmes passieren". (Tb. 257)

„Heute, am 27. Mai 1933 fahre ich nach Wilna. Ich stand vor dem Haus und warf einen Blick auf den Garten und das Haus. Als ich einen Blick auf das Noviziatgebäude warf, kamen mir die Tränen. Ich erinnerte mich an all die Güte und all die Gnaden, die ich von unserem Herrn bekam. Beim Blumenbeet sah ich dann unerwartet den Herrn, der zu mir sagte: *Weine nicht, ich bin immer bei dir.* Die Gegenwart Gottes, die ich verspürte, als Herr Jesu zu mir sprach, spürte ich dann während der ganzen Reisezeit." (Tb. 259)

Über Tschenstochau fuhr sie nach Wilna. In Jasna Góra vertraute sie der Mutter Gottes ihr ewiges Gelübde an und bat Maria, sie möge ihr helfen das Gelübde einzuhalten. Die Anfänge in Wilna beschrieb sie wie folgt: „Die kleinen zerstreuten Häuschen bilden dort die Klosteranlage. Nach den Józefów-Gebäuden (in Łagiewniki) kommt es mir ein wenig ungewöhnlich vor. Es gibt nur achtzehn Schwestern. Ein kleines Haus aber ein großes Gemeinschaftsleben. Alle Schwestern nahmen mich sehr herzlich auf. Für meine Ankunft scheuerte Schwester Justyna sogar den Fußboden." (Tb. 261)

„Es begannen Tage der Arbeit, des Kampfes und des Leidens. Das Ordensleben läuft wie gewohnt. Ein Mensch ist immer nur ein Novize und muß ständig viel lernen. Obwohl die Ordensregeln auch hier die Gleiche sind, hat doch jedes Haus seine eigene Gebräuche. Deshalb bedeutet jede Veränderung ein kleines Noviziat." (Tb. 265)

In diesem Beichtstuhl aus dem 19. Jahrhundert, der sich in der Kirche in Świnice Warckie befindet, legte die junge Helena Kowalska ihre Beichte ab. Jede Beichte war für sie Leben lang ein Treffen mit dem lebendigen Christi.

Im Ordenshaus in Wilna wurde sie zu Gärtnerin, obwohl sie von der Gartenarbeit keine Ahnung hatte. Sie leistete jedoch keinen Widerstand und probierte nicht einmal zu erklären, dass sie das nie gemacht hatte und deshalb es auch nicht schaffen wird. Ihre neue Vorgesetzte Irena Krzyżanowska erinnerte sich so an die außergewöhnliche Schwester Faustina: „Mit ihrer Arbeit war nicht nur ich als die Vorgesetzte des Wilna Hauses sehr zufrieden. Meine Meinung wurde von allen Mitschwestern geteilt. Sie war sehr pflichtbewußt. Sie ging mit mir zu den Redemptoristenpadres, um sich bei ihnen Rat zu holen, wie man den Garten pflegt und besonders, wie man die Blumen züchtet. (...) Über ihren Erlebnisse sprach sie mit keiner der Mitschwestern. Ihr Innenleben kannten nur die vorgesetzten Schwestern... Ich hatte sie beobachtet und darum kann ich sagen, dass sie alles für Gottes Ruhm machte." Schwester Justyna Gołofit, die in Krakau Faustinas „Seele" im Noviziat war, hatte sich mit Faustina in Wilna noch enger befreundet. Sie erinnert sich: „Als Faustina in Wilna im Garten arbeitete, hatte man die schwierigsten Mädchen zu ihr geschickt (aus dem Mädchenheim, das vom Orden geführt wurde), mit welchen die Schwester Erzieherin nicht fertig werden konnte. Schwester Faustina wurde mit ihnen fertig und hatte einen guten Einfluß auf sie". Faustina konnte mit diesen Mädchen sehr gut umgehen. Schwester Jolanta Woźniak bewunderte sie dafür: „Ihre Besonnenheit beweist meiner Ansicht nach, dass sie ohne pädagogische Ausbildung und ohne diesbezüglich entsprechender Erfahrung, nur mit Gottes Geiste sehr gut mit den Zöglingsmädchen umgegangen ist und von ihnen hochgeschätzt wurde".

Eines von diesen Zöglingsmädchen gab zu, damals ein eigensinniges, trotziges Mädchen gewesen zu sein. Sie gehorchte niemanden, widersprach jedem und wollte nicht zu den Sakramenten gehen. Schwester Faustina verbrachte mit ihr viel Zeit. Mit viel Geduld, Herzlichkeit und gutem Wort konnte sie das Mädchen für sich gewinnen und das Mädchen ließ sie an sich heran. Antosia hatte keine Familie, niemand hatte sie jemals besucht. Zu Weihnachten bekam sie keine Geschenke. Faustina bat ihre Vorgesetzte, Antosia ein Weihnachtspaket mit guten Wünschen schenken zu dürfen. Dieses Entgegenkommen und die aufrichtige Zuneigung der Klosterfrau hatten das Mädchen sehr berührt. Sie entschloss sich zu bessern, begann mit einer guten Beichte und mit der Zeit hatte sie sich ändern können.

Mutter Irena Krzyżanowska betont auch die anderen Charakterzüge Faustinas, die sich sowohl die Zöglingsmädchen, als auch die Mitschwestern zum Vorbild nehmen konnten. „Den Mitschwestern, die ihre Vorgesetzten oder dessen Anordnungen kritisierten, schloss sie sich nie an. (...) Klug nahm sie kleine Opfer auf sich, die sie bei der alltäglichen Aufgaben nicht störten. Sie konnte die Pflichten mit den geistigen Übungen vereinbaren und behauptete, dass keine Arbeit sie bei der Vereinigung mit Gott hinderte. (...) Sie war sehr demütig. Obwohl sie so viel Gnade vom Herrn Jesu empfangen durfte, hatte sie sich nie über die anderen Mitschwestern weggesetzt." Schwester Leokadia Drzazga, die mit Faustina gemeinsam in Wilna war, erinnert sich, dass Faustina sehr lieb und schwesterlich war. Sie arbeitete trotz Müdigkeit sehr hart, sogar in der Nacht und dabei befolgte streng die Ordensregeln. Sie pflegte es zu ihren

Wilna spielte eine sehr große Rolle auf dem Weg Faustinas zur Heiligkeit. Sowohl vor dem Zweiten Weltkrieg als auch jetzt überragen die Stadt drei hohe Kreuze, die ein Zeugnis über die christlichen Wurzeln Litauens abgeben.

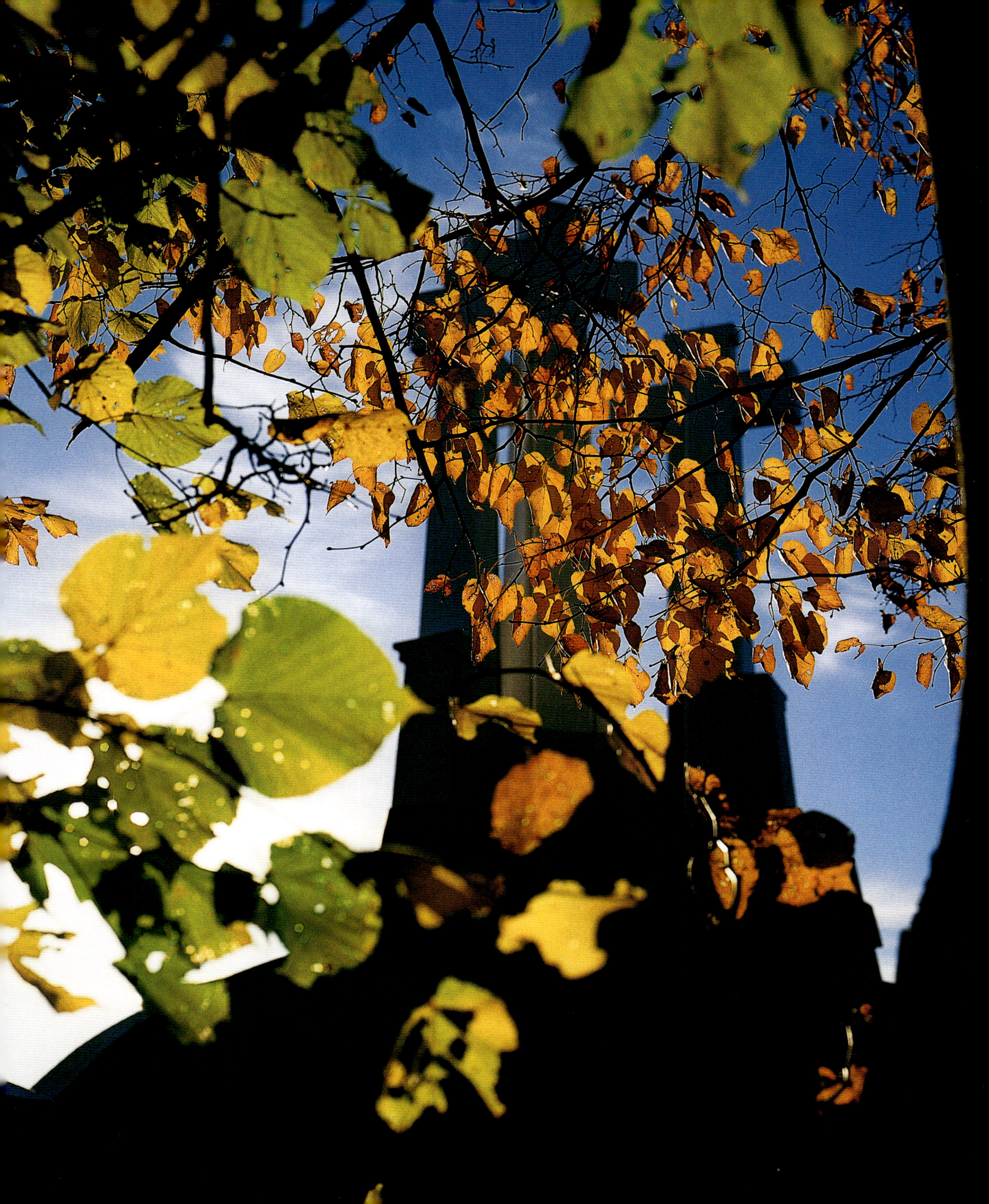

Mitschwestern zu sagen: „Wenn ich müde in der Früh nicht aus dem Bett kann, sollet ihr mich mit Wasser begießen".

Als Schwester Faustina nach Wilna kam, war Pfarrer Michał Sopoćko der Beichtvater aller Schwestern im Kloster, bei dem sie jede Woche beichteten. Dieser Priester spielte dann im weiteren Leben Faustina eine große Rolle. Er wurde zu ihrem Mitgefährten, zu ihrem geistigen Nachfolger und setzte nach ihrem Tod das Werk der Barmherzigkeit Gottes fort. Pfarrer Sopoćko wurde am 1. November 1888 nahe Wilna in Nowosady, Pfarre Zabrzezie, geboren. Er war das dritte Kind von Wincenty Sopoćko und Emilia Pawłowicz. Zuerst lernte er zu Hause, wo auch seine Berufung und seine innere Haltung geformt wurden. In der Familie wurde gemeinsam gebetet und man ging auch gemeinsam durch das liturgische Kirchenjahr. Je nach Zeit wurden zu Hause auch entsprechende Kirchenlieder gesungen und man fuhr in der Kutsche gemeinsam in die weit gelegene Kirche. All das hatte Michał Gott näher gebracht. Er lernte dabei Gott zu ehren und ihn um Gnade und Verzeihung zu bitten. Schon damals wollte er Priester werden. Er besuchte eine Schule bei der griechisch-katholischen Kirche in Worożyn und die Volksschule in Zabrzezie. In der Pfarrkirche in Zabrzezie ging er 1896 zur Erstkommunion und blieb unter großem Einfluss des Pfarrers Jan Kunicki, der ein eifriger Priester und ein hinreißender Prediger war. Michał wollte ihn nachahmen und beschloß weiter zu lernen. Er beendete die Schule mit Auszeichnung, doch die schweren Zeiten der Teilung Polens brachten viele Änderungen mit sich, auch in seinem Leben. Doch die Vorsehung Gottes wachte über ihn. Er arbeitete zuerst als Lehrer in der Pfarrschule und in privaten Häusern und dann als Erzieher in einem Internat. Er verlor aber sein Ziel ins Priesterseminar zu gehen nicht aus den Augen, bildete sich dabei weiter, legte die Latein und die Russisch Prüfung ab. Im September 1910 konnte er endlich das Priesterseminar antreten, wo er sich dann eifrig auf das lange ersehnte Priesterleben vorbereitete. Die Priesterweihe feierte er am 15. Juni 1914. Als Neupresbyter ging er nach Warschau um weiter Theologie zu studieren. Bald mußte er aber das Studium abbrechen, denn der erste Weltkrieg brach aus. Erst 1920 konnte er sich an der Warschauer Universität weiter bilden. Zwei Jahre danach begann er auch das Studium an der Pädagogikhochschule. Er lernte dabei mit alkoholkranken Kindern und Jugendlichen umzugehen. Er arbeitete als Seelsorger unter Soldaten (er war ein Feldkaplan) sowie unter Kranken, Kindern und Jugendlichen. Nach seiner Rückkehr nach Wilna war er als Beichtvater bei einigen Orden tätig, unter anderen bei den Schwestern der Mutter Gottes der Barmherzigkeit.

„O, wenn ich von Anfang an einen Seelenhirten hätte, hätte ich nicht so viel Gnade vergeudet" – schrieb Faustina im Tagebuch (35). Sie hatte oft ihre Hochachtung den Priestern gegenüber betont. Sie waren für sie die wahren Nachfolger Christi. Schwester Kajetana Bartkowiak erinnert sich, dass Faustina sie als „Gottes Perlen" bezeichnete. Trotz der Hochachtung fühlte sie innerlich, dass nicht jeder Priester ihr bei der Herausforderung, die Gott an sie gestellt hatte, helfen kann. Sie mußte sehr lange warten, bis sie einen Hirten und einen Helfer traf, der ihre Mission und die Botschaft, die sie der Welt zu übermitteln hatte verstand, der sich für das Werk der Barmherzigkeit Gottes einsetzen, der Gott bedingungslos vertrauen und sich den Anweisungen

Pfarrer Michał Sopoćko wurde am 1. November 1888 geboren. 1914 empfing er in Wilna die Priesterweihe. Seit 1928 war er Theologieprofessor an der Stefan Batory Universität in Wilna.

Der Beichtvater Faustinas aus Wilna hielt nach dem Zweiten Weltkrieg Vorlesungen im Priesterseminar in Białystok. Dort starb er auch am 15. Februar 1975. Zur Zeit läuft das Informationsverfahren um seine Seligsprechung.

Gottes, wie sie, unterordnet würde. Doch, während sie auf ihn wartete, war sie nicht ganz allein. Sie hatte immer liebe Menschen um sich, die entgegenkommend waren und sie zu verstehen und nicht zu verurteilen versuchten. „Es kam der Tag der Beichte und ich sah einen Priester, den ich bereits kannte, bevor ich nach Wilna kam. Ich lernte ihn während einer Erscheinung kennen." (Pfarrer Michał Sopoćko kam das erste mal in Faustinas Vision vor, als sie während der dritten Probezeit in Warschau war. Das zweite mal sah sie ihn zwischen Beichtstuhl und Altar in der Kapelle in Krakau Łagiewniki.) „Plötzlich hörte ich in meiner Seele folgende Worte: *Das ist mein ergebener Diener. Er wird dir dabei helfen, meinen Willen hier auf Erden geschehen zu lassen.* Ich ließ mich aber nicht von ihm erkennen, wie es der Herr sich wünschte. Einige Zeit hatte ich aber gegen diese Gnade gekämpft." (Tb. 263)

Dieses von Faustina lange erwartete Treffen verlief nicht einfach und brachte auch nicht gleich Früchte. Zuerst hatte sie Hemmungen bei der Beichte alles ehrlich und offen zu erzählen und ihren Kummer zu gestehen. Sie versprach sich sogar, vor diesem Pfarrer, den ihr Herr Jesus gezeigt hatte, nie Beichte abzulegen. Dann aber, als sie von Gott gemahnt, ihre ganze Seele dem Pfarrer Michał Sopoćko öffnete, wollte er nach dieser Beichte als Beichtvater des Ordens zurücktreten. Er war in dieser Funktion allein und deshalb konnten die Schwestern nur bei ihm regelmäßig Beichte ablegen. Ein anderer Beichtvater konnte nur alle drei Monate zu ihnen kommen. Es war also keine einfache Entscheidung, aber Pfarrer Sopoćko sprach mit niemanden darüber. Als er versuchte allein mit diesem Problem fertig zu werden, kam Faustina zu ihm und riet ihn vom Rücktritt ab. Woher kannte sie seine Zweifel? Für einen weisen Priester, wie er es war, war das ein Zeichen, dass er es mit einer außergewöhnlichen Person, die mit Gott vereint ist und durch Seine Gnade mehr weiß und mehr versteht, zu tun hat. „Jesu, ich danke dir für Deine große Gnade, für diesen Beichtvater, den Du mir selbst auserwählt hast und den Du mir früher in der Erscheinung erkennen läßt, bevor ich ihn kennengelernt hatte" – schrieb Faustina im „Tagebuch" (61). Als Faustina und Pfarrer Sopoćko die ersten Hindernisse bewältigten, konnte sie sich auf seine Hilfe verlassen. Er gab ihr viele gute Ratschläge, warnte vor Schwierigkeiten und spendete Trost. Er sprach zu ihr: „Du sollst deine Seele auf großes Leid vorbereiten. Du wirst mißverstanden und verfolgt werden, man wird dich als Hysterikerin und Eigenbrötlerin betrachten. Doch die Gnade Gottes wird dich begleiten. Die echten Werke Gottes stoßen immer auf Schwierigkeiten und sind mit Leid verbunden." (Tb. 270)

Bevor ihm allerdings das alles klar wurde, traute er weder Faustina, noch sich selber. „In der Befürchtung, Schwester Faustina könnte Einbildungen haben oder an Halluzinationen oder Wahnvorstellungen leiden, hatte ich mich bei der vorgesetzten Mutter Irena erkundigt, wer diese Schwester Faustina ist und welchen Ruf sie im Orden genießt" – erinnerte sich Pfarrer Sopoćko. Und er tat noch etwas Klügeres, er schickte Faustina zum... Psychiater. Die Idee kann einem vielleicht als grausam und für Faustina demütigend vorkommen, sie war jedoch genial. Ein für allemal wurde damit allen Gegner Faustinas das Argument, dass sie wahnsinnig sei, genommen. Diese Situation schildert Mutter Irena folgendermaßen: „Sie hatte sich unter seiner Führung anvertraut und bat ihn um Hilfe beim Malen des barmherzigen Jesu Bildes;

Dann wandte sich Pfarrer Sopoćko mir, als Vorgesetzter dieses Ordenshauses zu, ich möge Schwester Faustina zum Arzt schicken, um ihren Geisteszustand zu untersuchen. Der Facharzt schrieb in seinem Befund, dass Faustina psychisch völlig gesund sei und dass er keine Krankheitssymptome bei ihr feststelle. Als Pfarrer Michał Sopoćko diesen ärztlichen Befund bekam, hatte er mit meiner Erlaubnis nach einem Künstlermaler gesucht, der imstande wäre, das Bild des barmherzigen Herrn Jesu in dieser Form zu fertigen, in welcher sich Jesu der Schwester Faustina in Płock offenbarte."

Faustinas Beichtvater aus Wilna bewahrte trotz dem negativen Befund eine abwartende Haltung. Er dachte nach, betete, ging der Sache nach und holte sich den Rat einiger erfahrenen Priester. „Zu dieser Zeit war ich mir noch nicht sicher, ob die Offenbarungen auch wirklich wahr sind" – schrieb Pfarrer Michał Sopoćko. „Aus reiner Neugier wollte ich wissen, was daraus wird. Eugeniusz Kazimirowski war kein echter Künstler, aber er wohnte in der Nähe und ich kannte ihn. Darum bat ich ihn, das Bild zu malen."

„Damit die anderen Mitschwestern nicht auf das Innenleben der Schwester Faustina aufmerksam würden" – erzählt Mutter Irena weiter – „ging ich jeden Samstag zur Heiligen Messe in die Kapelle von Ostra Brama mit ihr. Nach der Messe kamen wir bei dem Kunstmaler vorbei und Faustina erteilte ihm genaue Anweisungen, wie er das Bild des Barmherzigen Jesus malen soll. Der Kunstmaler bemühte sich sehr, allen Ansprüchen der Schwester Faustina gerecht zu werden. Doch, als das Bild fertig wurde, war sie nicht zufrieden". Faustina beschrieb ihre ersten Eindrücke folgendermaßen: „Ich sah, dass Jesus auf dem Bild nicht so schön war wie in Wirklichkeit – ich wurde traurig, aber ich verbarg das tief in meinem Herzen. (...) Ich kam allein nach Hause zurück. Dann ging ich sofort in die Kapelle und weinte lange. Ich sagte zum Herrn: Wer wird dich so schön malen, wie Du es wirklich bis? – Plötzlich hörte ich die Stimme: *Die Größe dieses Bildes hängt nicht von der Schönheit der Farbe oder vom Talent des Malers ab, sie liegt in meiner Gnade.* (Tb. 313)

Die Gnade Gottes begann durch Schwester Faustina an die anderen Menschen über zu kommen. Der Aufenthalt Faustinas in Wilna hatte für dieses Werk eine entscheidende Bedeutung. Mit der Fertigung des ersten Bildes im Jahre 1934 wurden die nächsten Ereignisse verbunden, die für die Entstehung des Kultes des Barmherzigen Jesus von großer Bedeutung waren. Die Geschehnisse beginnen sich zu überschlagen, die Visionen und Prophezeiungen werden war, die Mission von Helena Kowalska wird erfüllt. Diese frohen Ereignisse werden leider von der tödlichen Krankheit der Auserwählten Gottes überschattet. Wir sagen – leider – aber Faustina nahm es als Gnade Gottes an. Mit Gelassenheit und Demut ertrug sie das Leiden und betrachtete es als einen Weg um den schönsten Preis.

Am 12. August 1934 hatte Faustina einen Ohnmachtsanfall. Schwester Justina erinnert sich: „Eines Tages bekam sie einen starken Anfall infolge eines Sonnenstichs. Man zweifelte an ihrer Krankheit, doch die Ärztin, die zu ihr gerufen wurde, sagte, dass sie sich in einem schweren Zustand befindet und machte ihr Injektionen. Pfarrer Sopoćko hatte ihr damals die letzte Ölung gespendet". Mutter Irena Krzyżanowska erzählt dazu: „Als Faustinas Gesundheitszustand sich verschlechterte und wir dachten, dass sie stirbt, schlug ich ihr vor, das Krankensakrament zu empfangen. Nach einer Weile

Auf der nächsten Seite: Wilna vom Schloßberg aus gesehen. Rechts befindet sich die Universitätskirche des Hl. Johannes und des Heiligen Johannes der Aposteln.

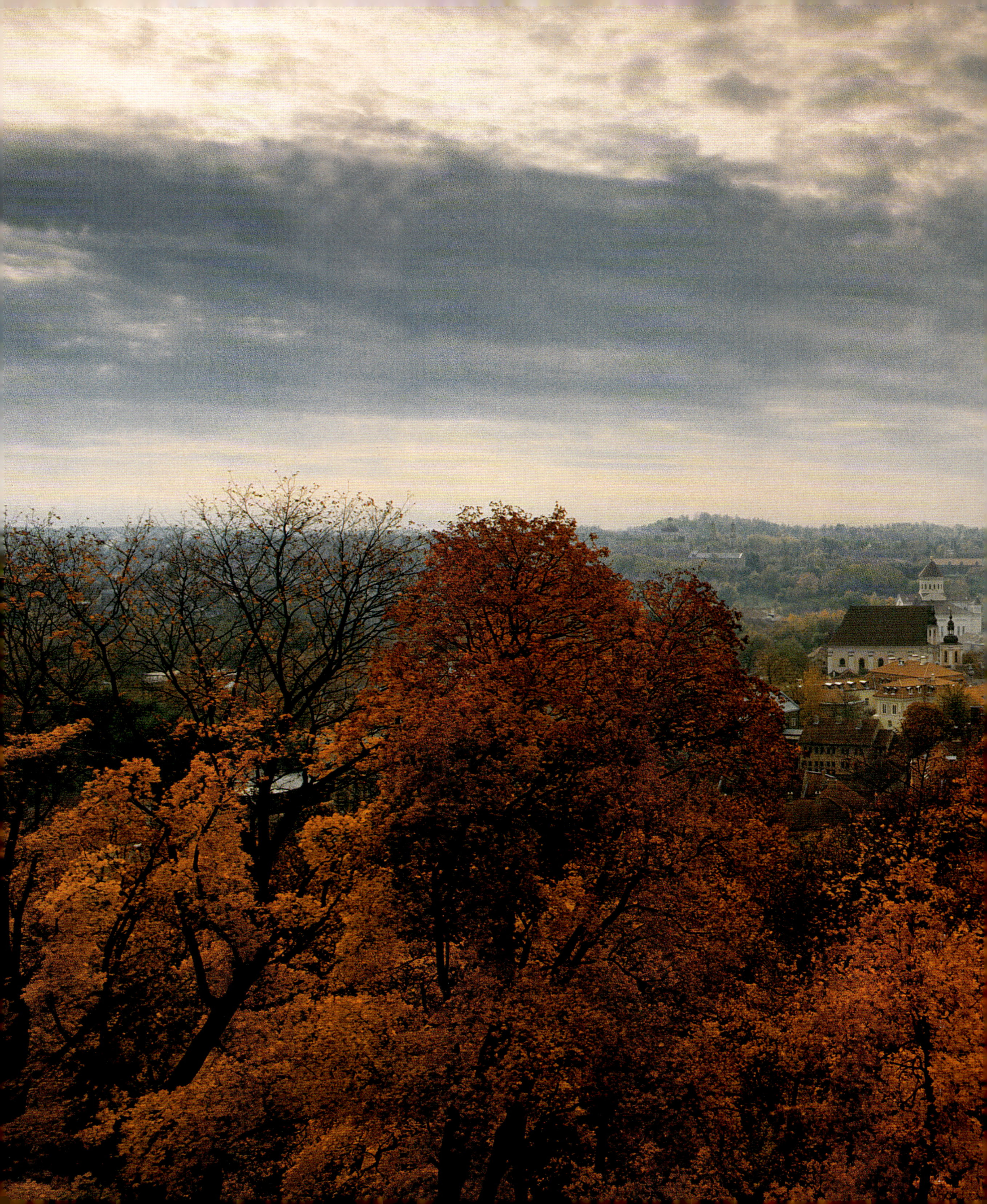

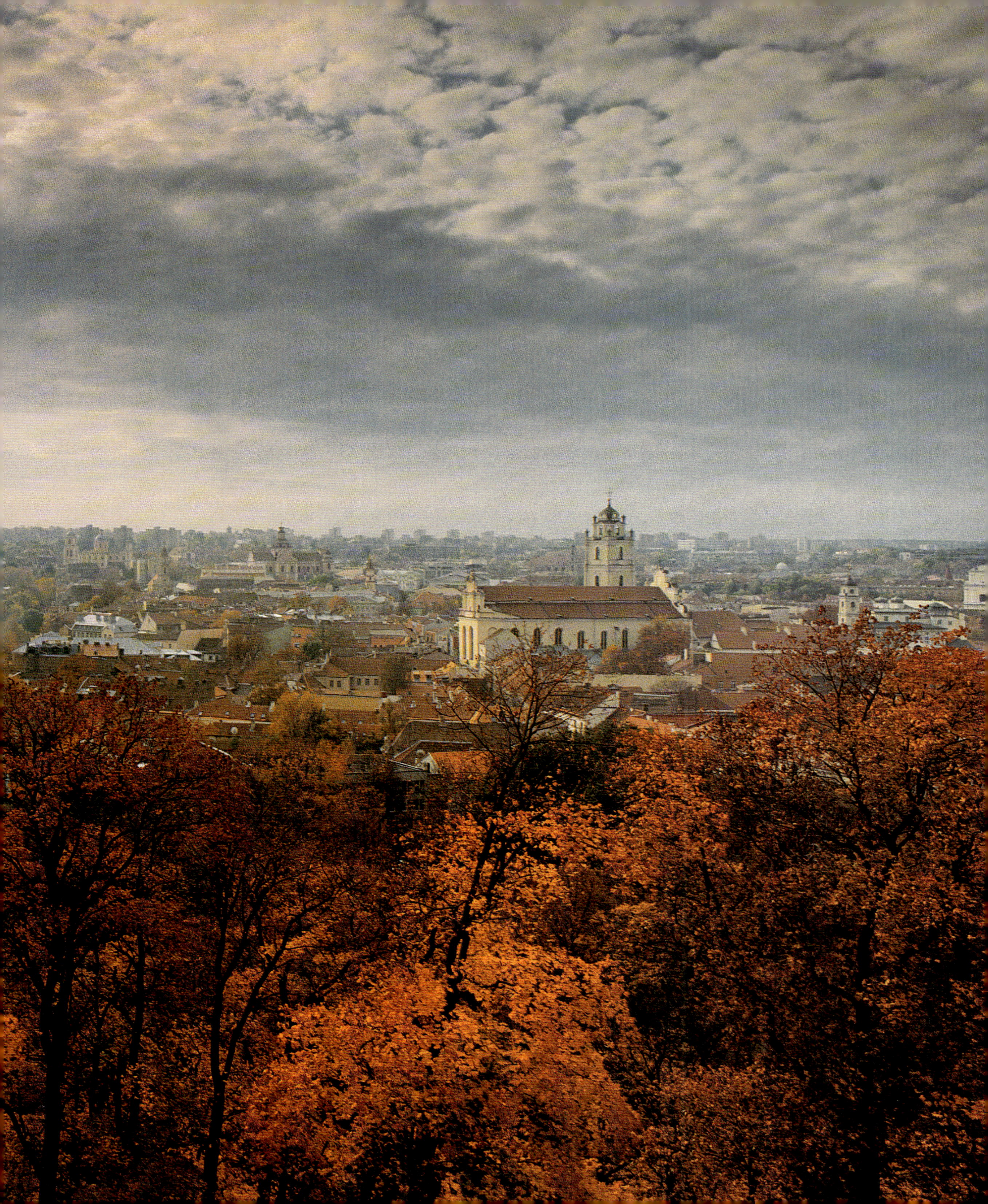

„Die Brüder und Schwestern waren damals noch klein, und jetzt kann ich sie nicht erkennen, alle sind erwachsen geworden" (Tb. 399) – wunderte sich Schwester Faustyna, als sie ihre Familie am 15. Februar nach Jahren wieder besuchte. Von links stehend: Wanda, der Stiftsohn von Józefa, Mieczysław, Gienia, Stanisław und Józefa. Von links sitzend: Bruder des Vaters von Helena und seine Frau, Marianna mit der Tochter von Józefa und Stanisław Kowalski. Vorne: Jasio und Ania, die Kinder von Józefa.

verbesserte sich Faustinas Gesundheitszustand erheblich. Sie sagte dann zu mir, sie wußte, dass sie noch nicht sterben werde. Dennoch als ich, ihre Vorgesetzte, zu ihr sagte, sie solle die Krankensalbung empfangen, hatte sie das auch getan." Zwei Monate später sah sie Jesus über der Klosterkapelle wieder. Er sah aus, wie während der Offenbarung in Płock. Zwei Strahlen gingen über die Klosterkapelle und über die Infirmerie (Krankenstation der Ordensschwestern), in die Stadt Wilna und dann in die ganze Welt hinaus. Faustina verstand es als nächstes Zeichen Gottes, der ihr damit sagen wollte, dass sie das begonnene Werk fortsetzen muß. Für die nächsten Etappen ihrer Mission bereitete sie sich am 4. Februar 1935 vor und dabei verzichtete sie ganz auf ihren eigenen Willen. „Ab heute gibt es in mir keinen eigenen Wille" – schrieb sie im „Tagebuch" (374). „In diesem Moment, als ich niederkniete, um meinen eigenen Willen durchzustreichen, wie es mir vom Herrn befohlen wurde, hörte ich in meiner Seele folgende Stimme: *Ab heute fürchte dich der Gerechtigkeit Gottes nicht, denn über dich wird nicht geurteilt.* Ab heute erfülle ich den Willen Gottes immer, überall und in allem." Dieses letzte Vorhaben war für Faustina so wichtig, dass sie es in ihrem „Tagebuch" separat auf einer Seite schrieb.

Kurz danach wurde sie geprüft, ob sie wirklich bereit wäre den Willen Gottes immer und überall zu erfüllen. Mitte Februar erfuhr sie, dass ihre Mutter schwer krank ist und sie wollte sie gerne zum letzten mal sehen. „In diesem Moment wurden in meinem Herz alle Gefühle wach" – lesen wir im „Tagebuch" nach. „Als liebende Tochter wollte ich den letzten Willen meiner Mutter sehnlich erfüllen. Dennoch überließ ich Gott die Entscheidung und ließ seinen Wille geschehen; Ich achtete nicht auf den Schmerz meines Herzens und ging dem Willen Gottes nach. Mutter Oberin gab mir an meinem Namenstag am 15. Februar den zweiten Brief von meiner Familie und erlaubte mir in mein Heimatdorf zu meiner Familie zu fahren, um den letzten Willen meiner Mutter zu erfüllen. Ich traf die Vorbereitung für die Reise und am Abend fuhr ich von Wilna ab. Ich brachte diese Nacht als Opfergabe für meine schwerkranke Mutter und betete an Gott um die Gnade für sie, damit all das Leiden, das sie erlitt, nichts von seinem Verdienst bei Gott verliert. (...) Am Morgen kam ich in Warschau an und um acht Uhr abends war ich schon zu Hause. Welch eine Freude war das für meine Eltern und für die ganze Familie. Ich kann das gar nicht beschreiben. Meine Mutter fühlte sich ein bißchen besser, doch der Arzt ließ uns keine Hoffnung mehr, dass sie völlig gesund wird. Nach der Begrüßung knieten wir alle nieder um Gott zu danken, dass er uns alle noch einmal zusammenkommen ließ." (Tb. 395-397)

Faustina war seit zehn Jahren nicht mehr in ihrem Heimatdorf. Nach so langer Zeit kam ihr dort alles anders vor. Nur die Kirche blieb gleich. Tief bewegt erinnerte sie sich an alle Gnaden, die sie dort erhielt. Jeden Tag ging sie mit ihrem Bruder Stanisław in die Kirche. Am Abend kamen viele Bekannten ins Haus der Eltern zu Besuch. Einmal waren es sogar 25 – Erwachsene und Kinder. Alle wollten ihr zuhören, sie umarmen, ihr einen Kuß geben. Als sie im Garten die Einsamkeit suchte, gingen alle hinaus und führten sie zurück ins Haus. Wenn sie von so viel Lärm müde war, bat sie ihre Brüder zu singen oder Mandoline und Geige zu spielen. Sie konnte dabei beten ohne die Gesellschaft verlassen zu müssen.

Seit Faustinas Kindheit hatte sich die Frömmigkeit ihrer Eltern nicht geändert. Sie hatte die Eltern immer dafür bewundert und war ihnen sehr dankbar dafür. Sie lernte von ihnen auch die Gottesfurcht. So reichlich von ihnen beschenkt und so gut vorbereitet konnte sie dann den Gipfel des Mystizismus erreichen und dann so bald eine Heilige werden. „Als ich sah, wie mein Vater betet" – erinnerte sie sich an den Besuch im Elternhaus – „schämte ich mich, dass ich nach so vielen Jahren im Kloster nicht so offenherzig und inbrünstig wie er beten konnte. Darum danke ich Gott immer wieder aufs Neue für solche Eltern" (Tb. 398). Allen fiel der Abschied schwer und die ganze Familie mit Ausnahme von Helena weinte dabei. Erst als sie in das Auto einstieg und von niemanden gesehen wurde, ließ sie ihren Gefühlen freien Lauf. Sie alle trafen sich nie wieder. Aber Faustina wurde für ihre Ergebenheit und ihre Demut von Gott belohnt. Ihre Mutter Marianna Kowalska lebte noch dreißig Jahre und erfreute sich keiner schlechten Gesundheit.

„Ich sah, wie Vater betete, (...) darum danke ich Gott immerwährend für solche Eltern" (Tb. 398) – schrieb die Autorin des „Tagebuches". Blick vom Fenster des Elternhauses der Schwester Faustina.

117

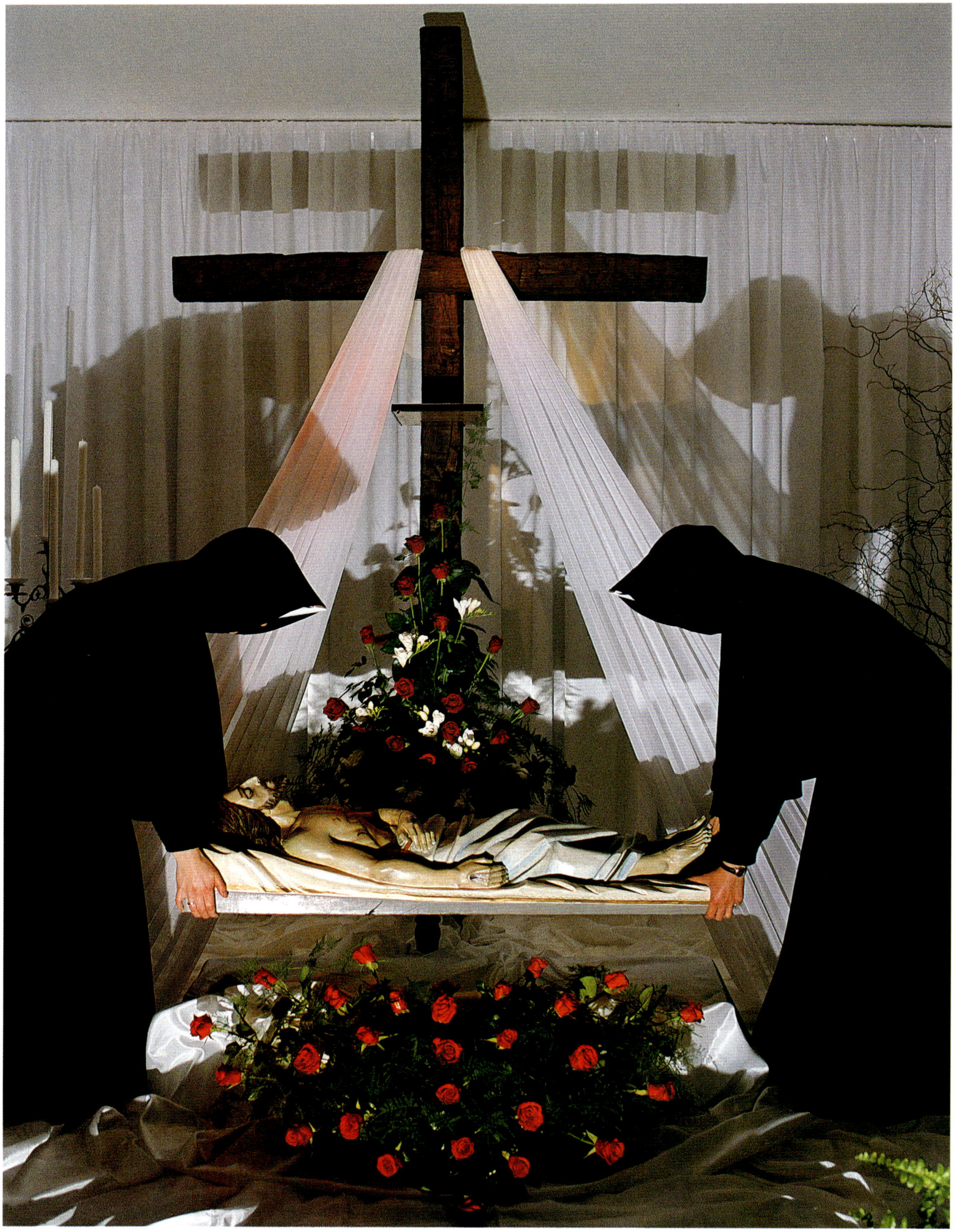

Ostern in Wilna

Die Bestrebungen von Helena Kowalska um die Erfüllung der Wünsche Jesu sowie die Bemühungen des Pfarrer Michał Sopoćko brachten in der Karwoche 1935 die ersten Erfolge. Am Gründonnerstag dem 18. April sagte Herr Jesu zu der Apostolin und Sekretärin der Barmherzigkeit Gottes (wie er die Schwester Faustina selbst nannte): *Von heute an bis zum Fest meiner Auferstehung wirst du meine Anwesenheit nicht spüren, aber deine Seele wird mit tiefer Sehnsucht erfüllt sein"* (Tb. 413). Am Karfreitag hörte sie folgende Worte Jesu: *„Ich will, dass dieses Bild öffentlich gepriesen wird. – Dann sah ich Herrn Jesu im großen Leiden, auf dem Kreuze sterbend. Aus Jesus Herzen strahlten die zwei gleichen Strahlen, die auf diesem Bild zu sehen sind"* (Tb. 414). Der, wie die Sonne leuchtende Gottessohn sagte am Karsamstag zu Faustina: *„Dein Herz soll frohlocken"* (Tb. 415).

Pfarrer Michał Sopoćko hörte schon öfter von Faustina, dass dieses Bild öffentlich gezeigt werden muss. Er konnte und wollte dies, jedoch ohne die Erlaubnis des Erzbischofs von Wilna Romuald Jałbrzykowski nicht machen. Also hing das Bild im dunklen Gang des Klosters der Bernhadinerschwestern, das gegenüber der St. Michael Kirche lag. (Der Beichtvater von Schwester Faustina war Rektor in dieser Kirche.)

Faustina gab jedoch nicht auf und trat vor Ostern wiederum mit der Forderung Jesu heran. Sie sagte, das Bild solle in Ostra Brama in den letzten drei Tagen des Jubiläums der Welterlösung öffentlich gezeigt werden. Dieses Fest sollte seinen Höhepunkt am ersten Sonntag nach Ostern erreichen. Zufällig war es so, dass Stanisław Zawadzki, der Pfarrer von Ostra Brama, den Pfarrer Michał Sopoćko einlud, während der Jubiläumsfeier die Predigt zu halten. Er stimmte zu unter einer Bedingung – das Bild von Eugeniusz Kazimirowski soll im Fenster des Kreuzganges aufgehängt werden. So geschah es auch.

„Am Vortag der Aussetzung des Bildes war ich mit unserer vorgesetzten Mutter bei unserem Beichtvater. Als wir auf das Bild zu sprechen kamen, bat uns der Beichtvater, dass eine der Schwestern beim Flechten der Kränze helfen könne. Die vorgesetzte Mutter antwortete, dass Schwester Faustina helfen werde – ich freute mich sehr darüber; Als wir nach Hause zurückkehrten, begann ich mich um die Grünpflanzen zu kümmern und mit Hilfe eines Zöglingsmädchens brachte ich sie zu Ostra Brama. Es half uns dabei noch eine Person aus dieser Kirche. Um 7 Uhr abends war bereits alles fertig, das Bild wurde auch schon aufgehängt; Jedoch bemerkten einige Frauen, dass ich mich dort herumtrieb, da ich sicher mehr störte als half, und so hatten sie dann am nächsten Tage die Schwestern nachgefragt, was dies für ein schönes Bild sei und welche Bedeutung es habe? Ihr werdet das sicher wissen, Schwestern, weil eine von euch es gestern geschmückt hat. Die Schwestern waren sehr verwundert, da sie nichts von dem wußten. Jede von ihnen wollte das Bild sehen und der Verdacht fiel auf mich. Sie sagten:

Vor dem Fest der Auferstehung Gottes schmückten die Schwestern sorgfaltig das Grab Christi in der Kapelle des Leidens Christi in Łagiewniki.

Der Ordensring, einer
der kostbarsten
Erinnerungsstücke an
die polnische Mystikerin.
Bewahrt wird er gemeinsam
mit ihrem Rosenkranz
und Messbüchlein.

Schwester Maria Beata
Piekut kümmert sich
als Die stellvertretende
postulantin um
die Reliquien der besten
Tochter des Ordens der
Schwestern der Mutter
Gottes der Barmherzigkeit.
Sie verteilt
die Reliquienkästchen
an die Anbeter der Heiligen
Faustina, die aus der ganzen
Welt kommen.

Auf der Nebenseite:
Wilna, Ostra Brama. Am
26. April 1935 konnten
die zahlreich versammelten
Gläubigen das erste Mal das
Bild des Barmherzigen Jesu
von Eugeniusz Kazimirowski
sehen, das in Ostra Brama
ausgesetzt wurde.

MATER MISERICORDIÆ

SUB TUUM PRÆSIDIUM

CONFUGIMUS

JEZU, UFAM TOBIE!

Schwester Faustina wird gut über alles Bescheid wissen. Als sie mich fragten, schwieg ich, denn ich konnte ihnen die Wahrheit nicht sagen. (...) Man begann über mich zu urteilen. Ich litt drei Tage lang sehr, aber in meine Seele stieg eine unerklärliche Macht. Ich freue mich, dass ich für Gott und für die Seelen, die in diesen Tagen Seine Barmherzigkeit erfahren haben, leiden kann." (Tb. 421)

„Am Freitag (26. April 1935), als ich während der Feierlichkeiten zur Aussetzung des Bildes in Ostra Brama war, hörte ich auch die Predigt, die mein Beichtvater bei dieser Feier hielt" – schrieb die Autorin des „Tagebuchs". – „Er predigte über die Barmherzigkeit Gottes, und damit erfüllte er das, was Jesus vor so langer Zeit zu allererst gefordert hat. Als er begann von großer Barmherzigkeit Gottes zu sprechen, wurde das Bild lebendig und diese Strahlen drangen in die Herzen der Versammelten ein, jedoch nicht in gleichem Maße. Einige erhielten mehr, andere weniger. Große Freude erfüllte meine Seele, als ich die Gnade Gottes sah. Da hörte ich diese Worte: *Du bist Zeuge meiner Barmherzigkeit und für Ewigkeit wirst du vor meinem Thron stehen, als lebendiger Zeuge meiner Barmherzigkeit*. Als die Predigt zu Ende war, wartete ich das Ende der Andacht nicht ab und eilte nach Hause. Als ich ein paar Schritte ging, versperrten mir unzählige Teufel den Weg, die mir unvorstellbares Leid androhten. Und man hörte Stimmen: Sie nahm uns das alles weg, wofür wir Jahre gearbeitet hatten. Als ich sie fragte: Woher seit ihr so viele? – antworteten mir diese bösartige Kreaturen: Aus den menschlichen Herzen, quäle uns nicht. Als ich ihren Hass mir gegenüber sah, bat ich meinen Schutzengel um Hilfe und sofort stand die helle und strahlende Gestalt des Schutzengels vor mir und sprach: Fürchte Dich nicht, du Auserwählte meines Herrn. Diese Geister werden dir ohne Seine Erlaubnis nichts antun. – Sofort verschwanden die bösen Geister und der treue Schutzengel begleitete mich sichtbar bis ans Haus" (Tb. 417-419).

Und das Bild hatte wirklich einen großen Eindruck gemacht. In seinen Erinnerungen beschrieb Pfarrer Sopoćko dieses Ereignis mit folgenden Worten: „Es war imposant und zog mehr Aufmerksamkeit auf sich, als das Bild der Mutter Gottes". Dieses Bild veranschaulichte gleichzeitig den Gläubigen, die von dem Pfarrer verkündete Barmherzigkeit Gottes. „Als ich sah, mit welcher Hingabe und mit wieviel Mühe sich der Pfarrer, Doktor Michał Sopoćko für diese Sache einsetzte, bewunderte ich seine Geduld und Demut" – schreibt die Autorin des „Tagebuchs" (422). – „Das alles hatte ihn viel gekostet, brachte viele andere Unannehmlichkeiten mit sich, und kostete auch viel Geld. Aber Herr Pfarrer, Dokotor Michał Sopoćko hatte das alles bezahlt. Ich sehe, dass ihn die Vorsehung Gottes zur Verwirklichung dieses Werkes der Barmherzigkeit Gottes vorbereitet hatte, noch bevor ich Gott darum bitten konnte".

Das erste Bild des Barmherzigen Jesu, das genau nach Anweisungen der Schwester Faustina gefertigt wurde, schmückt heute den Altar in der Kirche des Heiligen Geistes in Wilna. Dieses Gnadenbild zieht viele Pilger an.

„Du wirst die Welt auf mein Wiederkommen vorbereiten"

Dieses Foto der Heiligen Faustina entstammt einem Gruppenfoto der Ordensschwestern der Mutter Gottes der Barmherzigkei, das Mitte der 30. Jahre gemacht wurde.

Im Mai 1935 hatte die Krakauer Mystikerin erfahren, dass Gott etwas Großes mit ihr vorhat. Sie hörte in ihrer Seele diese Worte: *„Du wirst die Welt auf mein Wiederkommen vorbereiten"* (Tb. 429). Sie hatte es verstanden, hatte keine Zweifel und wußte auch, dass sie sich nicht auf ihre Unfähigkeit ausreden kann. Herr Jesus hatte ihr doch versichert: *„Du, allein wirst nichts tun können, mit mir kannst du alles."* Weiter hatte er zu ihr gesagt: *„Alle deine Feinde werden dir schaden insofern, als ich es ihnen zulassen werde. Du bist meine Wohnung und meine Erholung. Für dich werde ich den strafenden Arm zurückhalten, für dich segne ich die Erde."* (Tb. 431) Am 9. Juni 1935 gab es das Fest der Ausgießung des Heiligen Geistes. Am Abend dieses Tages hörte Faustina im Garten eine neue Botschaft: *„Du wirst mit deinen Begleiterinnen die Barmherzigkeit für sich selbst und für die Welt erbeten."* (Tb. 435) Sie hatte verstanden, Gott will, dass sie ihren Orden verlässt und einen neuen begründet, der die Barmherzigkeit Gottes verbreitet und um sie beten wird. Faustina machte sogar die ersten Schritte in diese Richtung. „Eines Tages kam sie in Wilna auf mich zu und sagte, dass Herr Jesus sich einen neuen Orden wünscht, der ausschließlich der Verehrung der Barmherzigkeit Gottes bestimmt wird" – sagt die Mutter Michaela Moraczewska. – „Es sollte ein Klausurorden sein. Obwohl sie es nie ausgesprochen hatte, konnte man es sich denken, dass sie sich berufen fühlte an der Spitze des neuen Ordens zu stehen. Ich sah es als ein Projekt für die Zukunft, hatte aber Zweifel, ob diese Idee wirklich von Gott stammt und ob Schwester Faustina ihre Vision auch richtig verstand. (...) Man solle also beten, nachdenken und warten. (...) Wir sprachen einige male ähnlich darüber. Eines Tages ging sie traurig weg: Das alles also, was ich in meiner Seele höre, ist nur eine Einbildung? Ich antwortete ihr mit der ehrlichen Überzeugung: Nein, ich fühle es, dass Schwester von Gott ein großes Licht bekam. Man kann aber immer etwas von sich selbst hinein interpretieren. Es ist möglich, dass ein neuer Orden gegründet werden solle, aber ich zweifle

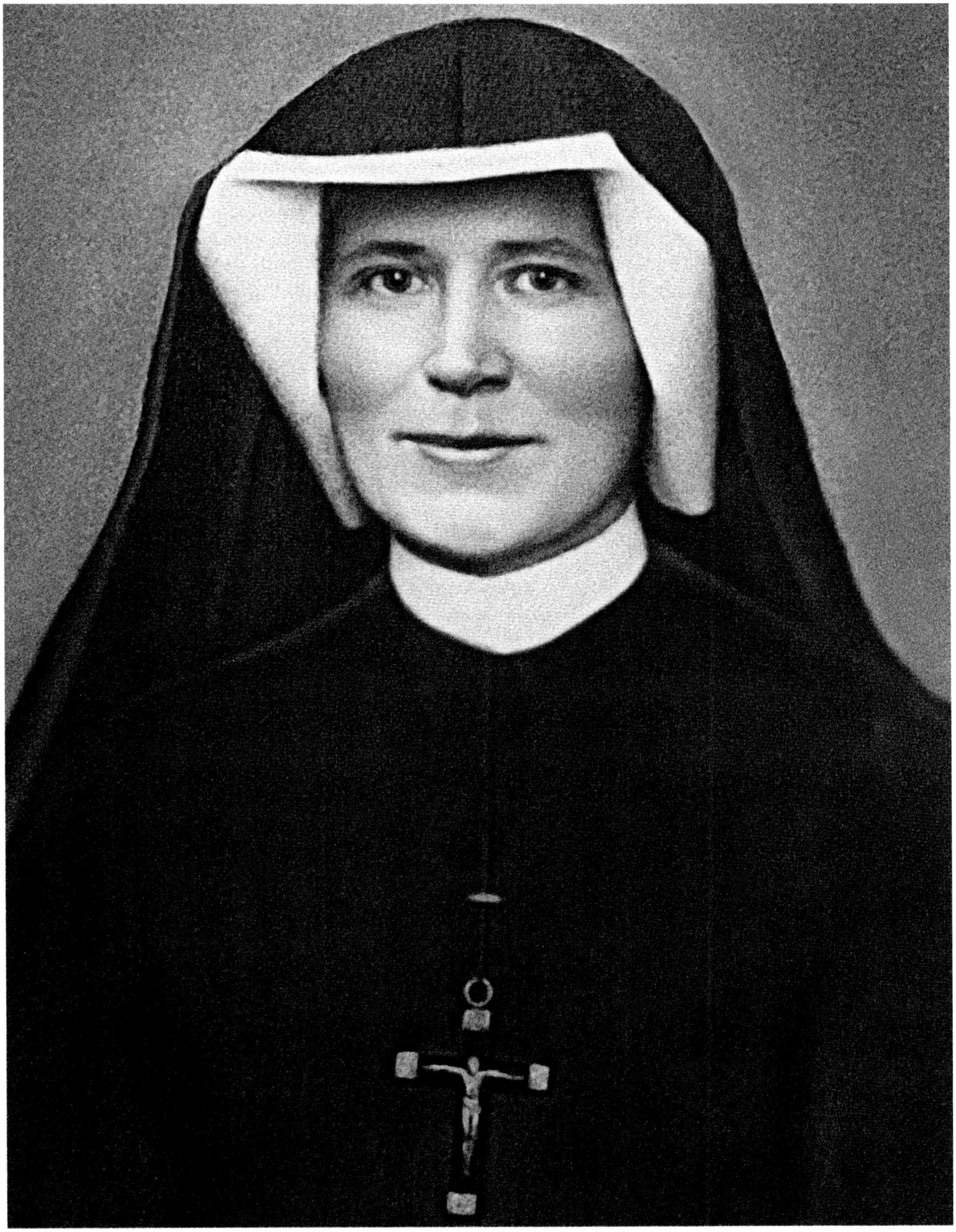

Größtes Elend und Nichts

Warschau, Walendów, Derdy, Krakau

Die geschwächte, aber noch immer eifrige und mit Optimismus beladene Auserwählte Gottes verlässt am 21. März 1936 Wilna. Sie fuhr kurz in die Hauptstadt Warschau. Die Krankheit macht ihr immer mehr zu schaffen, was man auf den Gruppenfotos aus den 30. Jahren sieht. Ihr Gesicht war mager, die Wangenknochen traten immer deutlicher hervor, die Figur wurde immer schmäler. In Warschau trifft Faustina die Schwester Jolanta Woźniak, mit der sie früher in Wilna zusammen war. Beide hatten damals dort viel Arbeit – Faustina im Garten, Erziehungsheim für Mädchen, wo sie oft die ganze Nacht mit den Zöglingsmädchen beim Bügeln verbrachte. Helena, die guten Kontakt zu den Mädchen hatte, kümmerte sie sich so gut um sie, wie sie es nur konnte. Jolanta, wiederum schickte ihr die Zöglinge, damit sie ihr bei der Gartenarbeit helfen. Sie unterstützten sich gegenseitig auch durch Gebete. Sie versprachen sich auch gegenseitig, eine werde für die andere einige Zeit lang Gott um Gnade bitten. Wie groß war die Verwunderung der Schwester Jolanta, als sie in Warschau erfuhr, dass Faustina regelmäßig für sie und ihre Klasse betete. Sie war nicht so gewissenhaft. Sie schämte sich sehr dafür. Sie sah auch, dass aufgrund der Krankheit die Freude, das Lachen und die Begeisterung Faustinas, einer Ruhe, die aus den Tiefen des Leidens kam, wich. Das Lächeln tauchte aber beim Umgang mit anderen Menschen wieder auf, da sie die anderen nicht mit ihren Problemen belasten wollte.

Schwester Samuela Wasilewska, die mit Faustina in den Ordenshäuser in Warschau, Walendów, Derdy und Kiekrz zusammen war, erinnert sich, dass „manche Schwestern, die viel von Arbeit hielten, es Faustina verübelten, dass sie zu viel bete und zu wenig arbeite. Sie beschwerten sich sogar darüber bei den vorgesetzten Schwestern. Ich erinnere mich daran, dass eine der Mütter sie mit scharfen Worten ermahnte, dass sie zu viel Zeit beim Beten verbringe und dadurch, dass sie ihren Pflichten nicht nachkommt, viele Sachen (Vorräte) kaputt werden. Faustina antwortete ruhig: Ehrwürdige Mutter, ich verschwende nichts. Ich weiß nicht mehr, ob sie sich bei der vorgesetzten Mutter entschuldigt hat. Danach bat sie mich nur, ich solle einen Moment in der Küche für sie aufpassen, denn sie wolle für einen Augenblick raus. Ich war mir sicher, sie würde in die Kapelle gehen. Ich ging nachsehen und fand sie dort tatsächlich betend auf. (...) Sie beschwerte sich nicht, dass man sie schlecht behandele. Ich erinnere mich nur daran, dass sie einmal deswegen weinte. Wir arbeiteten damals in Warschau in der Küche. Schwester Alojza

Ende ihres Lebens „wich die natürliche Freude und die Begeisterung Faustinas, einer Ruhe, die aus den Tiefen des Leidens kam" – schrieb Schwester Jolanta Woźniak. Man sieht es an einem der letzten Bilder der Heiligen von Łagiewniki.

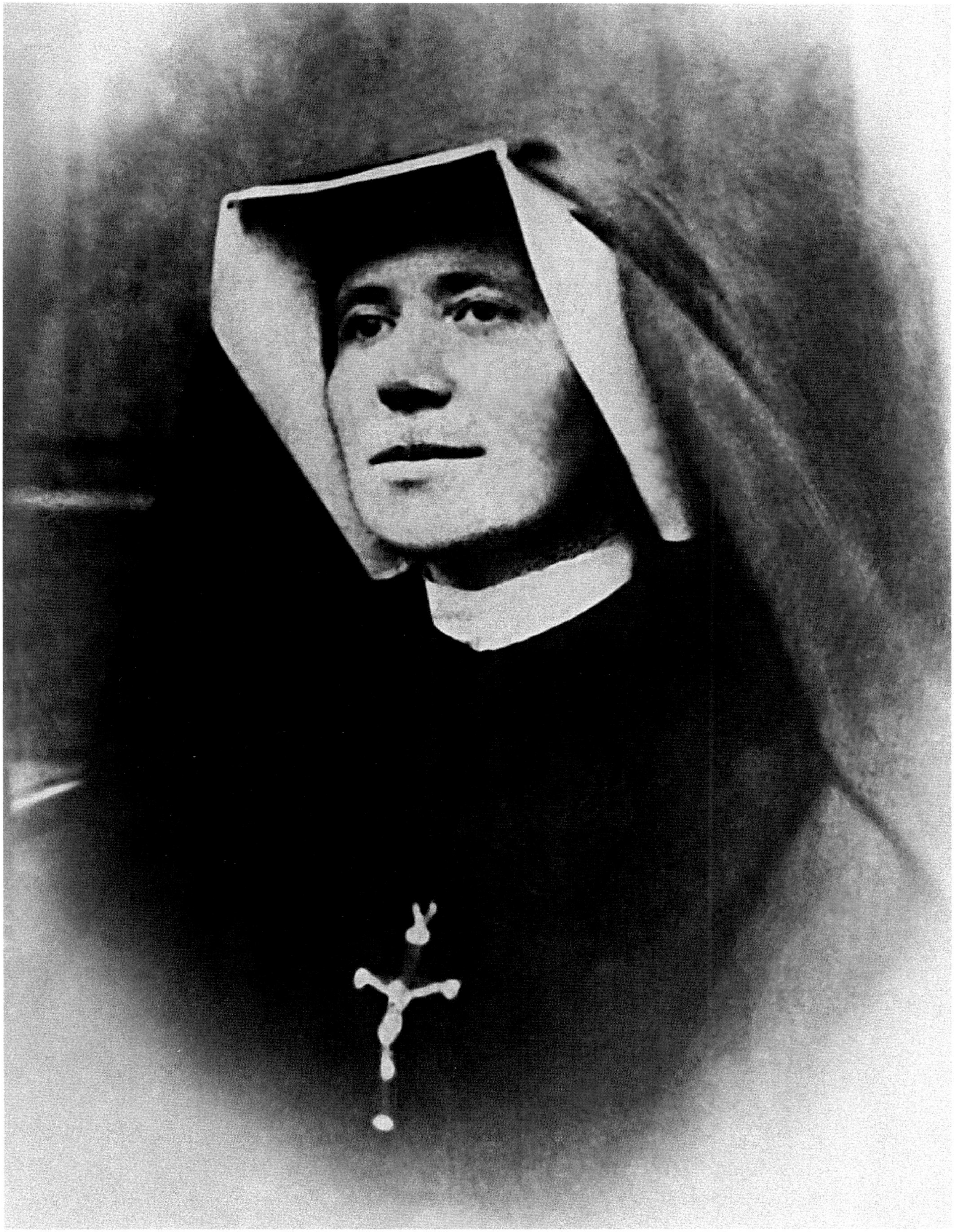

Landschaft aus
der Heimatregion der
Schwester Faustina.
Walendów und
die malerische Derdy,
die sie dem Pfarrer Sopoćko
voller Begeisterung
beschrieb, hatten sie
bestimmt an den Wald
von Głogowiec erinnert.

ging zu mir und bat mich, ich solle das Huhn zubereiten und betonte dabei, ich solle es tun, da Schwester Faustina es nicht kann. Als ich nach einer Weile aus der Küche kam, bemerkte ich, dass Faustina auf der Treppe saß und leise weinte. Ich tröstete sie und sagte, sie solle sich das nicht so sehr zu Herzen nehmen. Sie beschwerte sich nicht, aber ich sah, dass sie sehr verletzt war".

Am meisten jedoch bedrückte Faustina zu dieser Zeit die Gründung einer neuen Ordensgemeinschaft. „Als ich mich im Jahre 1937 nach Krakau begab, fragte ich während der Versammlung des Rates, ob es nicht angemessen wäre, Faustina den Abgang vom Orden zu gestatten, wenn sie weiterhin keine Ruhe findet" – erzählt Mutter Michaela Moraczewska. – „Die anderen Schwestern erklärten sich damit einverstanden. Wir fanden es schade eine gute und eifrige Schwester zu verlieren, aber wir befürchteten ansonsten gegen den Willen Gottes zu handeln. Als Schwester Faustina zum Gespräch mit mir kam, fand ich sie ruhig auf, dennoch wiederholte sie erneut ihre Bitte. An den Beschluß des Rates denkend, stimmte ich diesmal zu. Ich bemerkte, dass sie dadurch überrascht wurde". Nach einiger Zeit hatte die Mutter Priorin Faustina gefragt, wie es um die neue Ordensgemeinschaft steht. Und sie hörte, dass Faustina, nachdem sie die Zustimmung bekam, fühlte sie sich völlig allein und von allen verlassen und glaubte keinen Schritt mehr allein machen zu können. Faustina hatte den Eindruck, als wäre ihre Seele in einen dunklen Schlucht geraten. Die Idee, den Orden verlassen zu müssen, kam dann nicht mehr so oft vor, und mit der Zeit geriet sie in Vergessenheit. Ab diesem Zeitpunkt sprachen Schwester Faustina und Mutter Michaela nicht mehr darüber. Mutter Michaela nahm die Dunkelheit in Faustinas Seele als das erwartete Zeichen Gottes an.

Die kranke Faustina schickte Briefe an die mit ihr befreundeten Schwestern. Eine von ihnen war Ludwina Gadzina, der sie einmal folgendes schrieb: „Schwester, welch Freude empfinde ich, dass mich Jesus zu unserem Orden berufen hatte, der eng mit Werk und Botschaft Jesu verbunden ist, das heißt also mit der Rettung der Seelen. Bleiben wir dieser Berufung treu, so werden einige Seelen uns den Himmel verdanken. Doch müssen wir wissen, dass unsere hohe Berufung, ähnlich der Jesu ist". In einem anderen Fragment des Briefs schreibt sie, dass viele Seelen nach dieser Gnade verlangten, diese aber nicht bekamen, dass diese Berufung, eine große Gabe ist. Schwester Ludwina wußte, wie wunderbar Faustina mit dieser Gabe umgehen konnte.

Nach einiger Zeit in Warschau wurde die Mystikerin nach Walendów geschickt und dann wieder zwei Kilometer weiter, nach Derdy. Diese wunderschöne, von Wäldern umgebene Ortschaft wurde für sie wie ein Paradies, sie durfte dort aber nur einige Wochen bleiben. Sie kochte für wenige Personen und in ihrer Freizeit konnte sie auf der Veranda im Liegestuhl ruhen, sich in der Frühjahrssonne baden. Sie beschrieb diesen Aufenthalt in ihren Briefen an Pfarrer Sopoćko und preist Derdy auf ihre Art. Doch trotz der schönen Umgebung, dem schönen Wetter und der Erholungsmöglichkeit besserte sich der Gesundheitszustand Faustinas nicht. Sie fährt also nach Krakau zurück, wo sie von den Ärzten besser versorgt werden kann.

Am 12. Mai 1936 kam sie in Krakau Łagiewniki an. Erst arbeitet sie im Gewächshaus und dann im Garten. In Krakau trifft sie wieder den Beichtvater Józef Andrasz, den Jesuitenpater, der ihr von dem ewigen

Gelübde geistige Hilfe leistete. Jetzt übernahm er die Rolle ihres Seelenhirten und half ihr bis zu ihrem Tod. Mit Pfarrer Sopoćko schrieb sie ständig Briefe. In einem, der am 9. August 1936 geschrieben wurde können wir folgendes nachlesen: „Es fällt mir schwer all die Einzelheiten zu beschreiben. Ich sehe, viel wurde bereits für Gottes Ruhm getan, es muß aber noch viel mehr getan werden. Die heiligen Seelen, die ähnliche Aufgaben zu erfüllen hatten, werden immer verfolgt. Es genüge nur den heiligen Franz von Sales zu erwähnen, der gezwungen wurde – und aus Angst um die Empörung der kleinen Leute – sich mit einem Schreiben gegen Verleumder zu wehren. Aber auch der heilige Johannes von Kreuz, die heilige Theresia und alle andere Heiligen, die ähnliche Kämpfe durchstehen mußten...". Faustina sagte Pfarrer Sopoćko vorher, dass er viel Unrecht und Schmerz bei der Verkündung der Barmherzigkeit Gottes erleide. Sie versicherte ihn aber gleichzeitig, dass ihn Alles gelingen werde, denn das ist der Wille Gottes und der Herr unterstütze alle, die Sein Werk verwirklichen. „10. April 1937. Heute bekam ich von der vorgesetzten Mutter einen Presseartikel über die Barmherzigkeit Gottes zu lesen. Dabei war auch ein Foto des Bildes, das gemalt wurde. Dieser Artikel wurde in „Tygodnik Wileński" veröffentlicht und er wurde uns vom Pfarrer Sopoćko, dem eifrigen Apostel der Barmherzigkeit Gottes geschickt. In diesem Artikel findet man die Worte, die Herr Jesus zu mir sprach. Einige Worte wurden genau zitiert" (Tb. 1081).

Faustinas Zustand hatte sich schnell verschlechtert. Sie mußte zwei mal ins Sanatorium nach Prądnik (damals lag es außerhalb der Stadt zwischen den vielen Bäumen, heute gehört es zu Krakau, es befindet sich dort das „Johannes Paul II.-Krankenhaus"). Die Kurtherapie verlangte einige Aufenthalte in Prądnik, die ein paar Monate dauern sollten. Das erste mal war Faustina dort vom 9. Dezember 1936 bis zum 27. März 1937 und dann vom 21. April bis zum 19. September 1938. „Als sie in Prądnik war, ging sie oft zu den Sterbenden und betete für sie" – erinnert sich Mutter Irena Krzyżanowska. – „Sie tat es in der Überzeugung, dass sie den Kranken einen Gefallen tut und Herrn Jesu eine Freude bereitet. Als ich davon erfuhr, trug ich sie auf, dies zu unterlassen. Ich sorgte mich um ihren Gesundheitszustand. Sie unterließ sofort die Krankenbesuche, aber sie betete weiter für die Kranken."

Um die Patienten kümmerten sich dort unter anderen auch die Herz-Jesu-Schwestern. Schwester Dawida Cedro erinnerte sich an die Kranke aus Łagiewniki: „Für sich selber wollte sie nichts. Beim Essen stellte sie keine Ansprüche. Die anderen Kranken waren oft wählerisch und unzufrieden, für sie schmeckte alles gut, sogar hervorragend. Ihr Leiden ertrug sie mit einem Lächeln, obwohl man gleich dazu sagen muß, dass sie viel leiden mußte. Man stellte bei ihr die Tuberkulose in der Lunge, im Darm und im Hals fest. Direktor Adam Silberg, ein Neubekehrter, sagte sogar, dass es einen großen Geist bedürfe, bei so großem Schmerz und so viel Leiden noch zu lächeln." Dieser Arzt besuchte Faustina sehr oft, sprach mit ihr, vertraute ihr seine Sorgen an. Kurz von ihrem Tod bat er sie um das Bildlein der heiligen Theresia, das sie immer bei sich trug. Eine der Krankenschwestern hatte ihm geraten, er solle das Bildlein desinfizieren lassen. Er sagte aber zu ihr, die Heiligen stecken niemanden an. Das Bildlein hängte er am Bett seiner Tochter auf.

Wenn es die Ärzte ihr nur erlaubten, ging sie zur Kapelle. Nur der Gehorsam hinderte sie daran, jeden Tag, auch wenn sie kraftlos war, zur Heiligen Messe zu gehen. Oft versuchte sie es trotzdem und mußte bei der Eucharistiefeier die Kirche verlassen. Sie aber war glücklich, denn sie durfte für einen Augenblick vor dem Allerheiligsten Sakrament beten. Ihr ganzes Ordensleben lang hatte sie jede freie Minute vor dem Tabernakel verbracht. Dort teilte sie mit Christus all ihre Sorgen und Freuden. Sie hörte dem Herrn mit großer Aufmerksamkeit zu. Faustina dachte einmal, wenn Jesus mit ihr über so Vieles spricht, vielleicht könnte Er ihr, ihr Sterbedatum verraten. Sie bat Ihn darum und wurde erhört. Dieses Geheimnis hatte sie nur dem Pfarrer Sopoćko anvertraut. Während der Beichte sagte sie ihm, dass sie am 5. Oktober 1938 sterben wird. Nach ihrem Tod nahmen ihre Mitschwestern dieses Datum als selbstverständlich auf. Denn jeden fünften Tag im Monat hielt Schwester Faustina die Ehrenwache vor dem Allerheiligsten Sakrament und opferte alle ihre Gebete, ihre Taten und ihr Leiden zur Vergebung der Sünden. Es war also der beste Tag, um vor das Antlitz Gottes als Soldat vorzutreten.

Nach dem Aufenthalt im Sanatorium durfte Faustina weder im Garten noch im Gewächshaus arbeiten. Sie hielt an der Pforte Dienst. Die Pforte befand sich zu ihrer Zeit anstelle des jetzigen Einkehrhauses. Dort hatten die Engeln, ihren Worten nach, den Eingang in den Orden bewacht. Die Engeln waren für Faustina sichtbar und real. „Als sie an der Pforte saß, half sie gern den Armen" – erzählt Schwester Wiktoryna Nawrot. „Ich sah, wie froh sie war, als sie für die Armen das Essen aus der Küche holte. Manchmal hatten wir gar nichts übrig, doch sie bat uns nachzusuchen, denn vielleicht finden wir etwas. Sie wollte niemanden wegschicken ohne ihm früher geholfen zu haben." Sie war dabei sehr konsequent. Das sentimentale, kindliche Einfühlungsvermögen der kleinen Helena, die sich als Bettler verkleidete um für die Armen sammeln zu gehen, ging nicht verloren sondern reifte und vermengte sich.

„Jesus kam heute als armer junger Mann an die Pforte" – lesen wir im „Tagebuch" (1312-1313) nach. „Er war ein armseliger Junge. Seine Kleider waren zerrissen, er hatte keine Schuhe und keine Mütze. Er fror, denn an diesem Tag war es kalt und es regnete. Er bat um warmes Essen. Doch, als ich in die Küche kam, konnte ich nichts für den Armen finden. Nach einer Weile fand ich etwas Suppe. Ich machte sie warm und brockte etwas Brot hinein. Ich gab dem Armen die Suppe und er aß sie. In diesem Moment, als ich von ihm den Becher zurücknahm, gab er mir zu spüren, dass er der Herr über Himmel und Erde ist. Als ich Ihn sah, wie Er ist, verlor ich Ihn aus den Augen. Als ich in die Wohnung kam und darüber dachte, was an der Pforte passiert ist, hörte ich in meiner Seele diese Worte: *Meine Tochter, ich hatte die Seligpreisungen den Armen zu hören bekommen, die von der Pforte weggingen und mich selig priesen. Und es gefiel mir deine Barmherzigkeit in Grenzen des Gehorsams, und deshalb kam ich nieder von meinem Thron um die Frucht deiner Barmherzigkeit zu kosten.* (...) Von diesem Moment ab entbrannte mein Herz in einer noch reineren Liebe für die Armen und Bedürftigen. O, wie froh ich bin, dass meine Ordensvorgesetzten mir solche Arbeit zugeteilt hatten. Ich verstehe, dass

Auf der nächsten Seite: Den letzten Abschnitt ihres Lebens verbrachte die Apostolin der Barmherzigkeit Gottes in Kraków Łagiewniki. Das Kloster wurde am Ende des 19. Jhs. im Still der Neugotik gebaut.

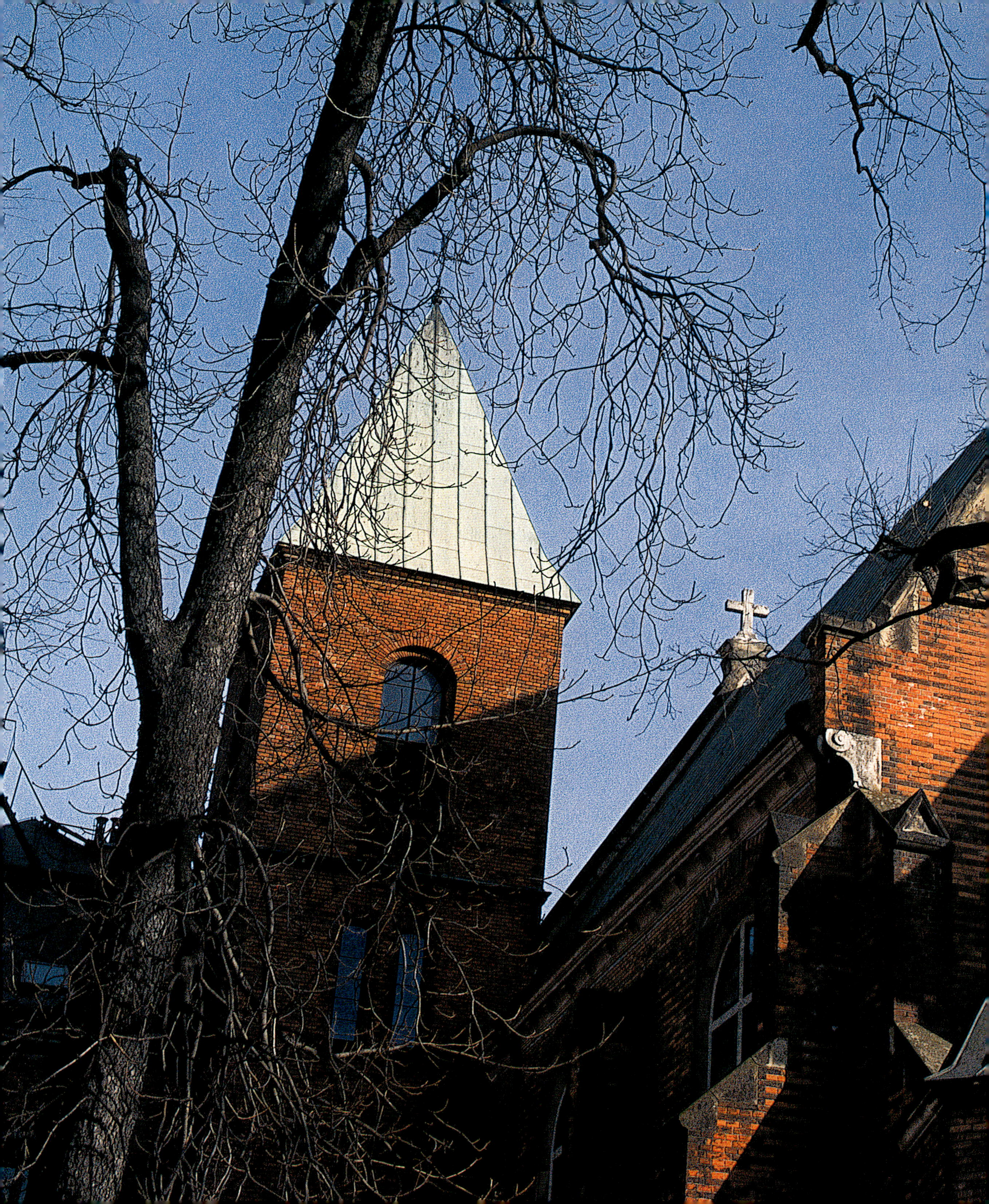

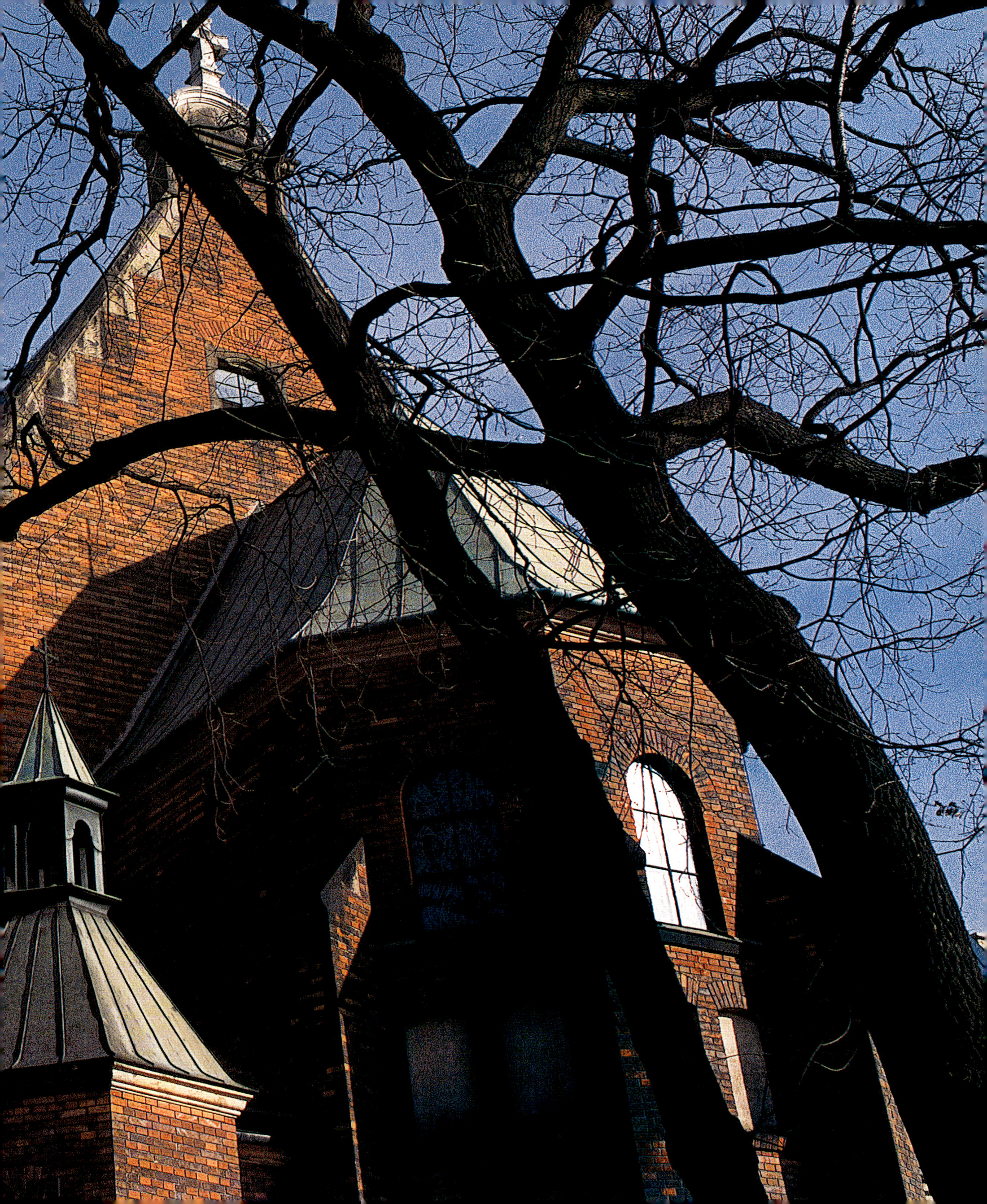

die Barmherzigkeit vielfältig ist, immer und überall. Jeder Zeit kann man etwas Gutes tun. Die große Liebe Gottes sieht immer wieder neue Bedürfnisse, die man durch Tat, Wort und Gebet stillen kann. Jetzt verstehe ich, o Gott, die Worte, die Du früher zu mir sagtest."

Man konnte eigentlich mit dieser Verherrlichung der Barmherzigkeit Gottes das Werk Faustinas rekapitulieren. Alle Worte, die sie sprach, alle Ereignisse, Monate, Tage und Minuten, die dieses einfache Dorfmädchen erlebte bezeugen, dass sie auf die Welt kam, um den Menschen das neue Antlitz Gottes, als barmherzigen Vater zu zeigen. Am 1. Oktober sagte der Herr zu ihr: *Tochter, ich will ein Opfer, dass mit Liebe erfüllt ist, denn nur die Liebe hat bei mir Bedeutung. Die Welt hat große Schulden mir gegenüber. Die reinen Seelen können sie durch ihre Opfergabe zurückbezahlen, wenn sie in ihrem Geiste barmherzig handeln. (...) Schreib das für viele Seelen, die sich manchmal sorgen, dass sie keine materiellen Sachen haben und dadurch keine Barmherzigkeit erwiesen. Denn viel größer ist die Barmherzigkeit des Geistes, für die man keine Bewilligung und keinen Speicher braucht. Sie ist für jede Seele erreichbar. Wenn der Seele in keiner Weise Barmherzigkeit erwiesen wird, wird sie auch am Jüngsten Tage keine Barmherzigkeit Gottes kennen. O, wenn die Seelen die ewigen Schätze einsammeln könnten, würde nicht über sie geurteilt – ihre Barmherzigkeit würde meinem Gericht zuvorkommen.* (Tb. 1317)

Zehn Tage später dankte Faustina Gott für die ihr erwiesenen Gnaden und brachte Christus wieder als Opfergabe ihren Leib und ihre Seele, ihren Verstand und Willen sowie alle ihre Gefühle dar. „O, Quell des Lebens, o unendliche Barmherzigkeit Gottes breite sich in der ganzen Welt aus und gieße über uns aus." (Tb. 1319). Im Oktober 1937 verkündigte Jesus noch eine Botschaft an Faustina: *Um drei Uhr flehe um meine Barmherzigkeit, besonders für die Sünder, und durchlebe wenigstens nur für einen kurzen Augenblick mein Leiden, besonders meine Verlassenheit in der Stunde meines Todes. Es ist die Stunde der großen Barmherzigkeit für die ganze Welt. Ich lasse dich in meinen Todeskummer ein; Keiner Seele, die für mein Leiden mich bittet, werde ich in dieser Stunde etwas verweigern..."* (Tb. 1320).

Łagiewniki und Prądnik liegen weit auseinander. Je mehr Zeit Faustina im Sanatorium verbringen mußte, desto seltener wurde sie von ihren Mitschwestern besucht. In ihrer Einsamkeit suchte sie immer nach einer Beschäftigung. Sie strickte und machte andere Handarbeit. Sie konnte jedoch damit ihre Gedanken, die in ihrem Kopf wirbelten, nicht übertönen. Sie hatte sich beispielsweise daran erinnert, dass seitdem sie ins Kloster gegangen ist, man sie als „die Heilige" benannt hatte. Das tat ihr weh, besonders darum, weil eine andere Person dabei verletzt wurde. Faustina beschwerte sich bei Jesus: *Bist du deshalb traurig? Aber du bist doch eine Heilige; In Kürze werde ich es dir zeigen. Und sie werden das gleiche Wort „die Heilige" aussprechen – aber diesmal mit Liebe"* (Tb. 1571) *„Ich erinnere dich daran, meine Tochter, immer wenn du hörst, dass die Uhr drei Uhr schlägt, tauche in meine Barmherzigkeit ein, rühme und preise sie; Rufe ihre Allmacht zu für die ganze Welt, und besonders für die armen Sünder, denn in diesem Moment wurde sie weit für alle Seelen geöffnet. In dieser Stunde wirst du für dich und für die anderen alles erbeten; In dieser Stunde kam die Gnade für die ganze Welt – die Barmherzigkeit besiegte die Gerechtigkeit"* (Tb. 1572).

Eines Tages in Krakau, und das war noch im Jahr 1937, fragte Schwester Euzebia Lewandowska die Schwester Faustina, wie es ihr geht. Faustina antwortete mit einem Lächeln: „Ich sollte schon sterben, doch Herr Jesus läßt mich sitzen, nimmt mich nicht an". Sie gab sich voll dem Willen Gottes hin. Noch in Warschau sagte sie zu Schwester Samuela Wasilewska: „Man muß immer auf Gottes Gnade vorbereitet sein und den Geist Gottes bei Seinem Werk nicht stören". Bei einem gemeinsamen Spaziergang hatte ihr Faustina einige der Kirchen von Warschau gezeigt. „Wir gingen in eine griechisch-katholische Kirche, denn die wollte sie mir auch zeigen. Sie kniete nieder und betete kurz. Dann sagte sie, dass Gott überall ist und dass man Ihn überall lobpreisen soll. Sie erwähnte auch die Wiedervereinigung der Kirchen, die in Zukunft zustande kommen sollte. An die Einzelheiten erinnere ich mich leider nicht mehr." Das war nicht der einzige Wunsch von Faustina. Oder war das vielleicht eine Prophezeiung, die in Erfüllung geht? Faustina träumte davon, dass man im Orden der Schwestern der Mutter Gottes der Barmherzigkeit die Aufteilung der Klosterfrauen auf zwei Choren – der Direktorinnen und Koadjutorinnen – aufhebt. Ihr Wunsch ist in Erfüllung gegangen. Die zwischenmenschlichen Konflikte wurden damit nicht beseitigt, denn sie entstehen überall, auch im Kloster, für die Integration aller Mitschwestern im Kloster wurde es aber von größter Bedeutung.

„In Krankheit ist es oft so wie mit dem Hiob im Alten Testament: Wenn man sich bewegen kann und arbeitet, dann ist alles schön und gut. Aber wenn Gott die Krankheit schickt, werden die Freunde weniger. Sie gibt es jedoch, sie interessieren sich für unser Leiden und so weiter. Aber wenn Gott uns eine längere Krankheit schickt, beginnen uns auch die treuen Freunde langsam zu verlassen" – lesen wir im „Tagebuch" (1509). „Sie besuchen uns seltener, und ihr Besuch bereitet uns oft viel Schmerz. Anstatt uns zu trösten, machen sie uns Vorwürfe. (...) Als ich noch solches Leiden verkosten mußte und die ganze Nacht im Kummer verbrachte, mußte ich mich dann am Morgen zusammenreißen, um, als der Kaplan zu mir mit der Heiligen Kommunion kam, nicht laut zu schreien: Willkommen, mein echter, einziger Freund. (...) Ich möchte noch über etwas erzählen, was ich erlebte: Wenn der Herr weder Gesundheit noch Tod schenkt, und das über Jahre, gewöhnt sich daran die Umgebung und glaubt, dass man nicht krank ist. Dann beginnt ein Leben voll mit Leiden bestickt; nur Gott weiß, wieviel Opfer die Seele bringen muß. Als ich mich eines Tages so schlecht fühlte, dass ich nicht wußte, wie ich in meine Zelle komme, hatte ich die Schwester Assistentin getroffen. Sie wollte gerade eine der Schwestern Direktorinnen mit einer Anweisung an die Pforte schicken. Doch, als sie mich sah, sagte sie zu ihr: Nein, Schwester wird nicht gehen. Es wird die Schwester Faustina gehen, denn es regnet sehr. Ich sagte, gut ich gehe, und ich führte die Anweisung aus. (...) Ich denke manchmal, dass die Schwester des zweiten Chores aus Stein ist. Doch sie ist ein Mensch, hat ein Herz und Gefühle..."(Tb. 1510)

Es war Ende Januar 1938. Es begannen die letzten Monate des Lebens Schwester Faustina. Die schwere Krankheit ruinierte ihren Körper. Das ungeheure Leiden, das sie für die Vergebung der Sünden anderer erlitt, entkräftete nicht nur den Leib, aber manchmal auch ihren sonst unbeugsamen Geist. Außergewöhnlich wichtig ist in ihrer Biografie dieses kleine Kapitel, das über die Schwäche, die heilen kann, spricht. Es zeigt, dass jeder Mensch, auch der von größtem Geist, sich unter einer Last beugen darf. Nicht zusammenbrechen, sondern beugen um danach noch stärker zu werden. „Dann kommt Gott zu Hilfe, anders könnte die Seele all diese Kreuze nicht ertragen. Ich habe sie alle nicht beschrieben und jetzt möchte ich auch nicht darüber schreiben. Wenn ich aber die Anregung erhalte, werde ich darüber schreiben..." (Tb. 1511) – beklagt sich Schwester Faustyna das erste mal. „Jesu, es wäre wirklich schrecklich zu leiden, wenn es Dich nicht gäbe. Aber Du stehst der leidenden Seele bei. Die Geschöpfe werden den Menschen verlassen, doch Du, o Herr, Du bleibst treu..." (Tb. 1508).

Kurz vor ihrem Tod kommt sie nach Prądnik zurück. Sie will zu Hause sterben. Ende August 1938, noch vom Krankenhaus aus, schrieb sie den letzten Brief an die Mutter Priorin, nachdem sie von ihr einen kurzen Brief erhielt. Mutter Michaela Moraczewska wußte, dass es um Faustina nicht gut steht.

„Liebstes Mütterchen!

Ich bedanke mich sehr herzlich für den Brief, der mir so viel Freude bereitete, und für die Nachricht über Herrn Pfarrer, Professor Sopoćko. Er ist wirklich ein heiliger Priester.

Liebstes Mütterchen, ich glaube, es ist unser letztes Gespräch auf Erden. Ich bin sehr schwach und meine Hand zittert beim Schreiben, ich erleide so viel, wieviel ich ertragen kann. Jesus gibt nichts über unsere Kräfte hinaus; Wenn das Leiden groß ist, ist auch die Gnade Gottes übergroß. Ich verlasse mich voll auf Gott und auf Seinen heiligen Willen. Meine Sehnsucht nach Gott wird immer größer, der Tod erschreckt mich nicht, große Ruhe überfüllt meine Seele. Ich mache noch alle Geistesübungen, ich gehe auch zur Heiligen Messe. Ich kann aber nicht bis zum Ende bleiben, denn es wird mir schlecht. Ich nütze aber soviel ich kann, all die Gnaden, die uns Jesus in der Kirche bleiben ließ.

Liebstes Mütterchen, vom ganzen Herzen, das mit großer Dankbarkeit erfüllt ist, danke ich für alles Gute, was ich im Kloster bekam, seit meinem Eintritt bis zum heutigen Tage. Besonders danke ich Mütterchen für Euer aufrichtiges Mitleid und für die Ratschläge in all diesen schweren Momenten, die für mich nicht zu überleben schienen. Ein herzliches Vergelt's Gott!

Und jetzt im Geiste der Ordensdemut entschuldige ich mich ergebenst bei Euch, Liebstes Mütterchen für die ungenaue Befolgung der Ordensregeln, für das schlechte Beispiel, das ich für die anderen Mitschwestern war, für nicht genug Eifer in meinem ganzen Ordensleben, für alle Unannehmlichkeiten und Schmerzen, die ich Mütterchen zufügen könnte, obwohl auch unbewußt. Die Güte des Lieben Mütterchen gab mir die Kraft in den schweren Momenten meines Lebens.

In meinem Geiste knie ich zu Füßen des Liebsten Mütterchen nieder und bitte ergeben um die Vergebung aller meiner Vergehen und bitte um den Segen in der Todesstunde. Ich vertraue auf die große Kraft des Gebets, des von Mütterchen und des von den Lieben Schwestern. Ich fühle, dass mich eine große Macht unterstützt.

Ich entschuldige mich, dass ich nicht schön schreibe, aber meine Hand zittert und schläft ein. Auf Wiedersehen, Liebstes Mütterchen, wir sehen uns im Himmel beim Throne Gottes wieder. Und jetzt möge in uns und durch uns die Barmherzigkeit Gottes gepriesen werden.

Mit größten Ehrfurcht küsse ich die Hände des Liebsten Mütterchen und bitte um Gebet

größtes Elend und Nichts
S. Faustina

Sechs Wochen später stirbt die Krakauer Mystikerin. Bei ihrem Tod ist nur eine Schwester, Eufemia Traczyńska (sie lebt noch). Wie, es der Ordensbrauch ist, hatte die Glocke die letzte Stunde Faustinas verkündigt. Die Ordensschwestern waren gerade beim Abendessen. Sie unterbrachen die Mahlzeit und gingen in die Infirmerie, wo die Kranke lag. Sie beteten mit ihr und gingen danach in die Kapelle. Es war spät am Abend, also sollten über die nächsten Zeichen des Sterbens nur die vorgesetzten Schwestern und eine Schwester, die für die Sterbende verantwortlich war, verständigt werden. Schwester Eufemia war damals eine junge Professe und durfte weder bei der ansteckend kranken Faustina wachen, noch in der Nacht zu ihr gerufen werden. Sie wußte aber von der Schwester Amelia, dass Faustina einmal eine Heilige wird, und wollte gerne diese außergewöhnliche Schwester in dem letzten Moment ihres Lebens begleiten. Sie betete inbrünstig zu den Seelen im Fegefeuer, um im richtigen Moment aufweckt zu werden. Als diese Zeit kam, hatte Schwester Liguoria, die bei Faustina wachte, die Türe verwechselt und weckte eben Schwester Eufemia auf. Eufemia lief schnell in die Infirmerie und sah die lächelnde Faustina als sie im Entzücken zu Gott geht. Als die Mutter Oberin gekommen war, lebte Helena Kowalska nicht mehr.

Es war am 5. Oktober 1938 um 22.45 Uhr.

Eufemia Traczyńska begleitete die Schwester Faustina als einzige in der Stunde ihres Todes. Damals war sie eine junge Professe und hatte sehr viele Jahre keinem je was darüber erzählt. Heute wohnt sie im Warschauer Ordenshaus im Stadtviertel Grochów.

„Nie hatte sie schlecht über die anderen gesprochen, sie wünschte sich, die Welt wäre heilig. Sie betete für den Orden, aber am meister für die Sünder und für die Heimat" – erzählt Schwester Eufemia. Im Zimmer, wo die Krakauer Mystikerin starb, richteten die Mitschwestern ein Oratorium (Andachtsraum) ein.

Auf der nächsten Seite: Eine Gedenktafel unter dem Fenster der Infirmeria (Krankenstation im Orden), wo Schwester Faustina starb.

Czuję dobrze, że posłannictwo moje nie kończy się ze śmiercią...

W TYM POKOJU 5 PAŹDZIERNIKA 1938
ZMARŁA APOSTOŁKA
BOŻEGO MIŁOSIERDZIA
S.M. FAUSTYNA KOWALSKA
ZE ZGROMADZENIA
MATKI BOŻEJ MIŁOSIERDZIA

Der Tod als Anfang der Wunder

„Schwester Amelia war am nächsten Tag bei der Einkleidung von Schwester Faustina" – erinnert sich Eufemia. „Der Klang der Glocke rief alle Schwestern zusammen und wir trugen ihren Leichnam in einem Sarg in die Krypta. Ich war eine von denen, die den Sarg trugen. Danach kamen auch andere Mitschwestern, die Zöglingsmädchen und die Arbeiter vom Gutshof. Unter ihnen war auch Herr Janek, der Ungläubige. Er stand lange da und danach sagte er: Ach, welch Eindruck diese Person auf mir gemacht hatte. In Kürze erfuhren wir, dass er sich bekehrt hatte. Am dritten Tag war das Begräbnis. Nach dem Begräbnis bekam ich von Mutter Irena Faustinas Umhang. Ich war der vorgesetzten Mutter sehr dankbar dafür, denn in den kalten Tagen fror ich nicht mehr, wenn ich zur Bäckerei ging".

Den Tag des letzten Abschiedes von der Verstorbenen hat auch die noch lebende Schwester Kajetana in Erinnerung. „Es kamen viele Ordensschwestern, Jesuitenpadres und einige Laien zum Friedhof. Beim Tragen des Sarges in die Krypta wechselte ich mich mit den Schwestern ab. Zweimal trug ich dann den Sarg auf dem Weg zum Friedhof. Ich bekam ihren Ring und ihre Kutte. Ich trug diese Sachen zwei Jahre lang. Ich hatte auch ihre erste Novene zur Barmherzigkeit Gottes, die sie mir selbst geschenkt hatte. All diese Andenken werden heute in unserem Ordenshaus in Krakau, als Reliquien einer Klosterfrau, die als Heilige zum Herrn ging, bewahrt. Es blieb mir nur ihr Lichtbild. Doch obwohl ich seit Jahren keine Sachen Faustinas mehr besitze, spüre ich ihre Nähe immer. Zweimal erkrankte ich schwer. Zuerst an der Leber. Es war so schlecht mit mir, dass die Ärzte nicht wußten, was sie tun sollten. Ich legte mehrmals dieses Bild Faustinas auf meinem Bauch und wurde zur Verwunderung aller gesund. Später dann wurden meine Augen von einem Virus attackiert, es drohte mir Blindheit. Ich betete zu Gott und bat Faustina um ihre Fürsprache und... habe mein Augenlicht bis heute".

„Über ihre außergewöhnlichen Gnaden hatte sie nicht mit den Mitschwestern gesprochen, erst kurz vor ihrem Tod (...) sagte sie zu mir: Herr Jesu will mich erheben und der Orden wird dadurch viel Gutes bekommen" – schrieb Mutter Irena Krzyżanowska, die zu Ende Faustinas Leben ihre Vorgesetzte in Krakau war. – „Sie sagte auch den kommenden Krieg voraus und dass trotz großer Schwierigkeiten die Ordensschwestern in Łagiewniki

Zum Begräbnis der Schwester Faustina kam, ihrem letzten Willen entsprechend, niemand aus der Familie. Sie wollte sie nicht wegen der Reisekosten in Unkosten stürzen.

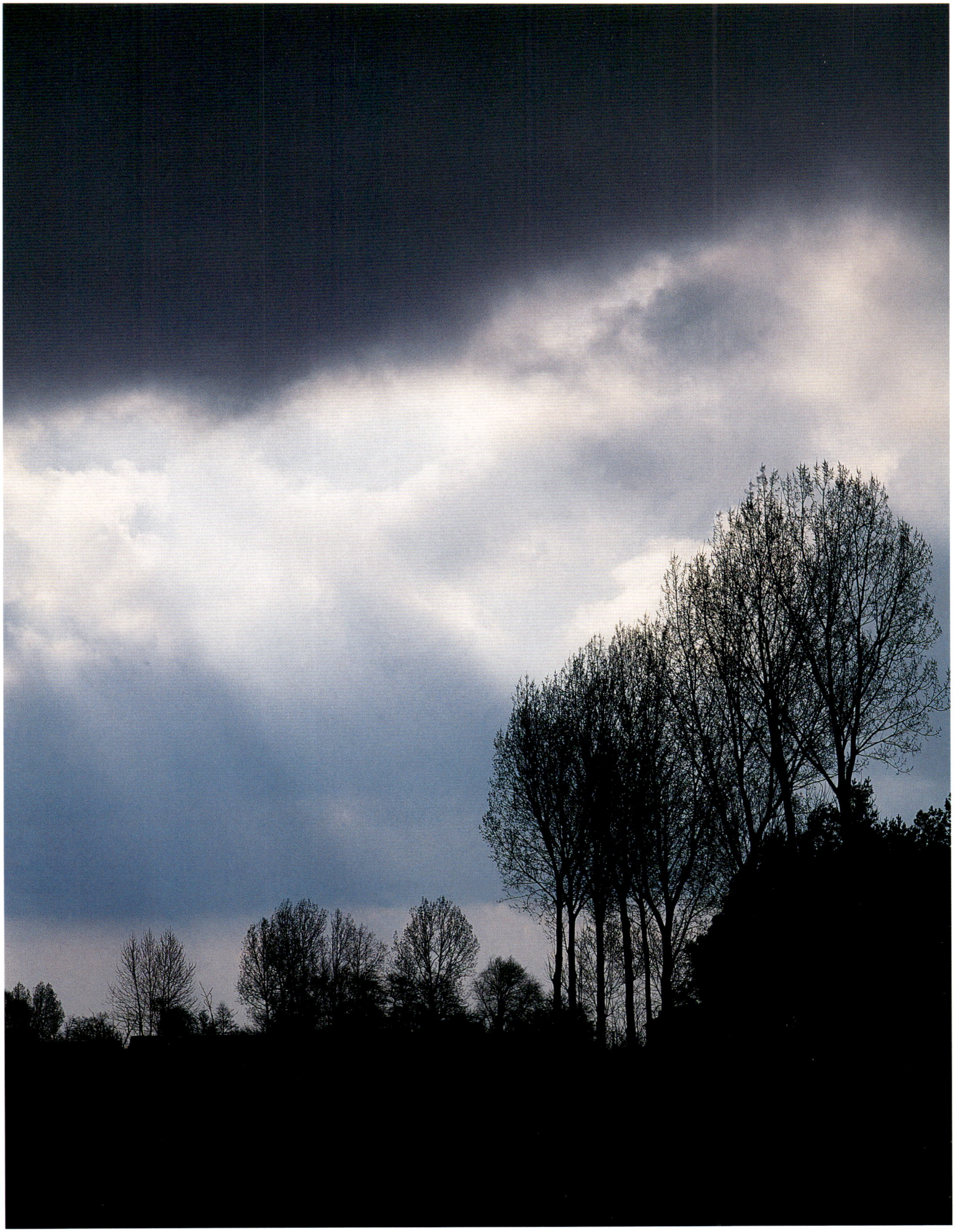

bleiben werden. Einmal nahm ich Schwester Faustina mit in die Stadt, um eine Kopie des Bildes des Barmherzigen Jesu von Professor Eugeniusz Kazimirowski zu sehen. Ich sagte ihr nicht, warum wir in die Stadt gehen, doch auf dem Weg sagte sie zu mir: Ich wußte warum mich die vorgesetzte Mutter mit in die Stadt nimmt. Faustina führte ein Tagebuch, das sie mir kurz vor ihrem Tod übergab, damit ich es der Mutter Priorin weitergebe. Ich las es, dem Willen der Sterbenden entsprechend, nicht. Sie starb in Versöhnung mit dem Willen Gottes. Beim letzten Gebet war sie sehr ruhig. Sie wollte keine Spritzen, die den Schmerz lindern. Am Anfang des Kriegs wurde der Zugang zu der Kapelle in Krakau, auf die Bitte des Pfarrers allen zugänglich. Sie begannen das Grab der Schwester Faustina heim zu suchen. Es betete hier der Erzbischof Adam Sapieha, und er war es auch, der bestimmte, welches Bild am Hochaltar in unserer Kapelle hängen wird".

Mutter Irena engagierte sich sehr in der Verbreitung des Kultes der Barmherzigkeit Gottes. Sie war bei der Entstehung des ersten Bildes dabei, das im Jahre 1934 fertig wurde. Dieses Bild war außergewöhnlich, denn es wurde von Jesus inspiriert. Irena Krzyżanowska hatte auch ihren Anteil, bei der Entstehung der nächsten Bilder des Barmherzigen Jesu, und auch des gnadenvollen, das sich heute in der Heiligenstätte der Barmherzigkeit Gottes in Łagiewniki befindet. All diese Bilder sind von Gottes Inspiration, Einfluss und Gnade gezeichnet.

Herr Jesus zeigte sich Faustina in dieser Gestalt, in der Er gemalt werden sollte und erklärte, was sie Strahlen symbolisieren:„*Diese zwei Strahlen bedeuten Blut und Wasser – der blasse bedeutet Wasser, das die Seelen gerechtfertigt; der rote Strahl bedeutet Blut, das das Leben für die Seele ist... Als mein sterbendes Herz auf dem Kreuze von einer Lanze geöffnet wurde, gingen diese Strahlen aus den Inneren meiner Barmherzigkeit heraus. Diese Strahlen beschützen die Seele vor dem Zorn meines Vaters. Glücklich ist der, der in ihren Schatten leben wird, denn er bleibt vor Gerechtigkeit Gottes verschont*" (Tb. 299). Jesus betonte auch, dass sich die Aufschrift „Jesu, ich vertraue Dir", unbedingt auf dem Bild befinden muß und wie der Ruf eines Menschen auf Erden dargestellt werden soll. Er sagte auch: „*Der Blick auf diesem Bild ist, wie der vom Kreuze*" (Tb. 326). Dieser Wunsch Jesu wird zweigedeutet. Bedeutet der Blick vom Kreuze „von oben nach unten" oder „barmherzig"? Ein wichtiges Element des Bildes bilden die durchstochenen Hände und Füße, sowie das, auf dem Bild nicht sichtbare, Herz. Alle diese Einzelheiten vereinen in diesem wunderbaren Gemälde des Gottessohnes zwei Ereignisse: den Karfreitag, als Jesus auf dem Kreuze stirbt, wie auch den ersten Sonntag nach Ostern, als der auferstandene Jesus sich im Abendmahlsaal zeigt und das Bußsakrament bestimmt. Diese zwei Ereignisse veranschaulichen die Barmherzigkeit Gottes am besten. Herr Jesu, der zu Fleisch geworden ist, den Heiland, der durch Leid und Auferstehung, die Welt von der Sünde befreite. Deswegen findet das Geheimnis der Barmherzigkeit ihren Höhepunkt in der Eucharystie, dem ewigen Bunde zwischen Gott und den Menschen.

Das Bild von Eugeniusz Kazimirowski blieb in Wilna. Am 4. April 1937 erlaubte der Erzbischof Romuald Jałbrzykowski auf Bitte des Pfarrers Michał Sopoćko hin die Weihe und die Aussetzung des Bildes in der St. Michael Kirche, neben dem Hochaltar. Im Jahre 1941 untersuchte es eine durch den

Metropolit von Wilna berufene spezielle Sachverständiger Komission, die erklärten, dass das von Eugeniusz Kazimirowski gemalte Bild der Barmherzigkeit Gottes einen großen religiösen und künstlerischen Wert besitzt. Heute befindet es sich in der Kirche des Heiligen Geistes, wird von vielen Gläubigen verehrt und mit vielen Weihgeschenken geschmückt.

Weil dieses Bild in Wilna geblieben ist, ließ im Jahr 1942 der Orden der Mutter Gottes der Barmherzigkeit das nächste Bild des Barmherzigen Jesu malen, diesmal bei Stanisław Batowski, einem Künstler von Lemberg. Man hängte es in der Kapelle des Ordensgeneralhauses in der Żytniastraße in Warschau auf, anstatt eines Votivbildes, das von Schwester Lucylla Zabielska gemalt wurde. Das Werk gefiel den Schwestern sehr und so bestellten sie bei dem selben Künstler noch ein Bild, diesmal mit der Absicht, es in die Kirche in Łagiewniki aufzuhängen. Vorher hatte sich aber bei den Schwestern in Łagiewniki der Krakauer Künstler Adolf Hyła gemeldet, der in der Nachbarschaft wohnte. Er wollte das Bild der Barmherzigkeit Gottes malen, als Votiv für die Rettung der Familie während dem Krieg. Von der Mutter Irena Krzyżanowska erhielt er eine kleine Reproduktion des Bildes von Eugeniusz Kazimirowski und eine Beschreibung der Visionen der Schwester Faustina. Der Krakauer Künstler begann seine Arbeit im November 1942 und beendete sie nach 4 Monaten. Am 7. März 1943 weihte Pater Józef Andrasz, der Adolf Hyła beim Malen half, das Bild für die Kapelle in Łagiewniki. „Als ich Mutter Oberin in Krakau wurde" – erinnert sich Mutter Irena – „besorgte ich ein Bild des Barmherzigen Jesu, das ich auf den Altar des hl. Josef stellte. Unsere Schwestern und Zöglingsmädchen verehren das Bild sehr. An jedem Sonntag der Barmherzigkeit Gottes stellten wir es auf den Hauptaltar und der Prediger sprach über Barmherzigkeit". Am 6. Oktober 1943 brachte man das Bild von Stanisław Batowski, das von der Mutter Priorin Michaela Moraczewska bestellt wurde, nach Krakau. Die Schwestern wußten nicht, welches Bild nun in Krakau bleiben sollte. Bei der Lösung dieses Problems half Kardinal Adam Sapieha, der nach Łagiewniki zu Besuch kam. Er wählte das Votivbild von Adolf Hyła. In Kürze stellte man jedoch fest, dass dieses nicht auf den Seitenaltar passte, wo es untergebracht werden sollte. Mutter Irena Krzyżanowska bestellte deshalb noch ein zweites Bild bei dem Krakauer Maler. Dieses Gnandenbild befindet sich bis heute auf dem Seitenaltar. Es wurde vom Jesuitenpater Józef Andrasz, am Sonntag des 16. April 1944 geweiht. An diesem Tag hatte man zum ersten Mal feierlich die Barmherzigkeit Gottes in der Kapelle der Schwestern der Mutter Gottes der Barmherzigkeit lobgepriesen. Zehn Jahre später übermalte der Künstler mit dunkler Farbe den Hintergrund des Bildes, der vorher die Wiesen von Łagiewniki darstellte. Unter den Füßen Jesu malte er einen Steinboden dazu.

Das erste Bild von Adolf Hyła nahm die Karakauer Mutter Oberin nach Wrocław mit, wo ein neues Kloster entstand und wohin sie versetzt wurde. Es wurde dort in der Kapelle der Ordensschwestern untergebracht. Das zweite Bild des Künstlers von Lemberg Stanisław Batowski, das von Warschau geliefert wurde, hängt in der Kirche der Barmherzigkeit Gottes in der Smoleńskstraße in Krakau.

Die Versprechen Gottes gehen in Erfüllung unabhängig von den Menschentaten. Die Reproduktionen und verschiedenen Kopien des Bildes des Barmherzigen Gottes von Adolf Hyła gelangen an viele Orte. Nach dem

Auf der nächsten Seite:
Die Ordensschwestern aus Łagiewniki hatten dem Heiligen Vater Johannes Paul II. während eines der vielen Besuche im Vatikan eine Kopie des Gnadenbildes des Barmherzigen Jesu von Łagiewniki geschenkt.

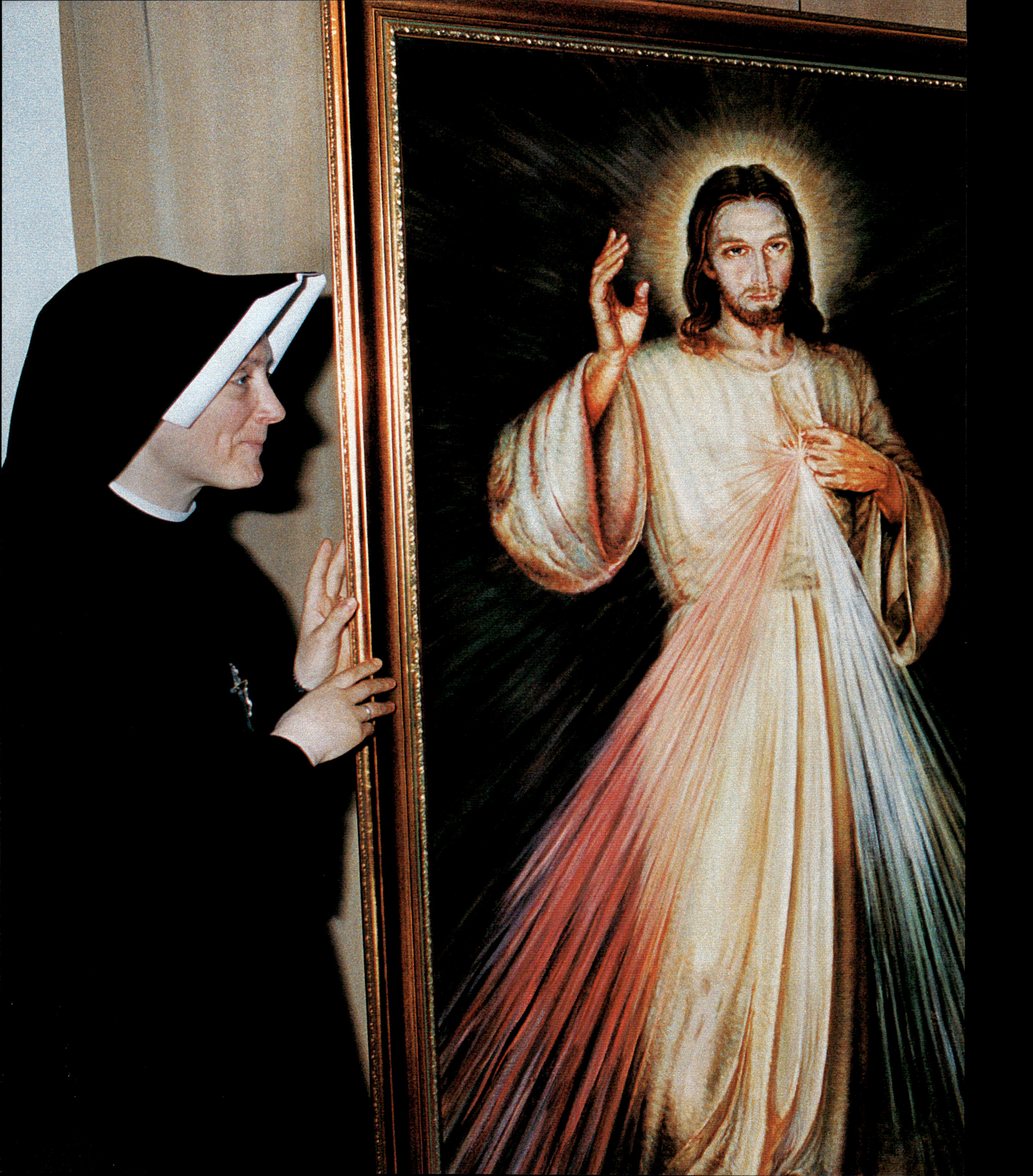

149

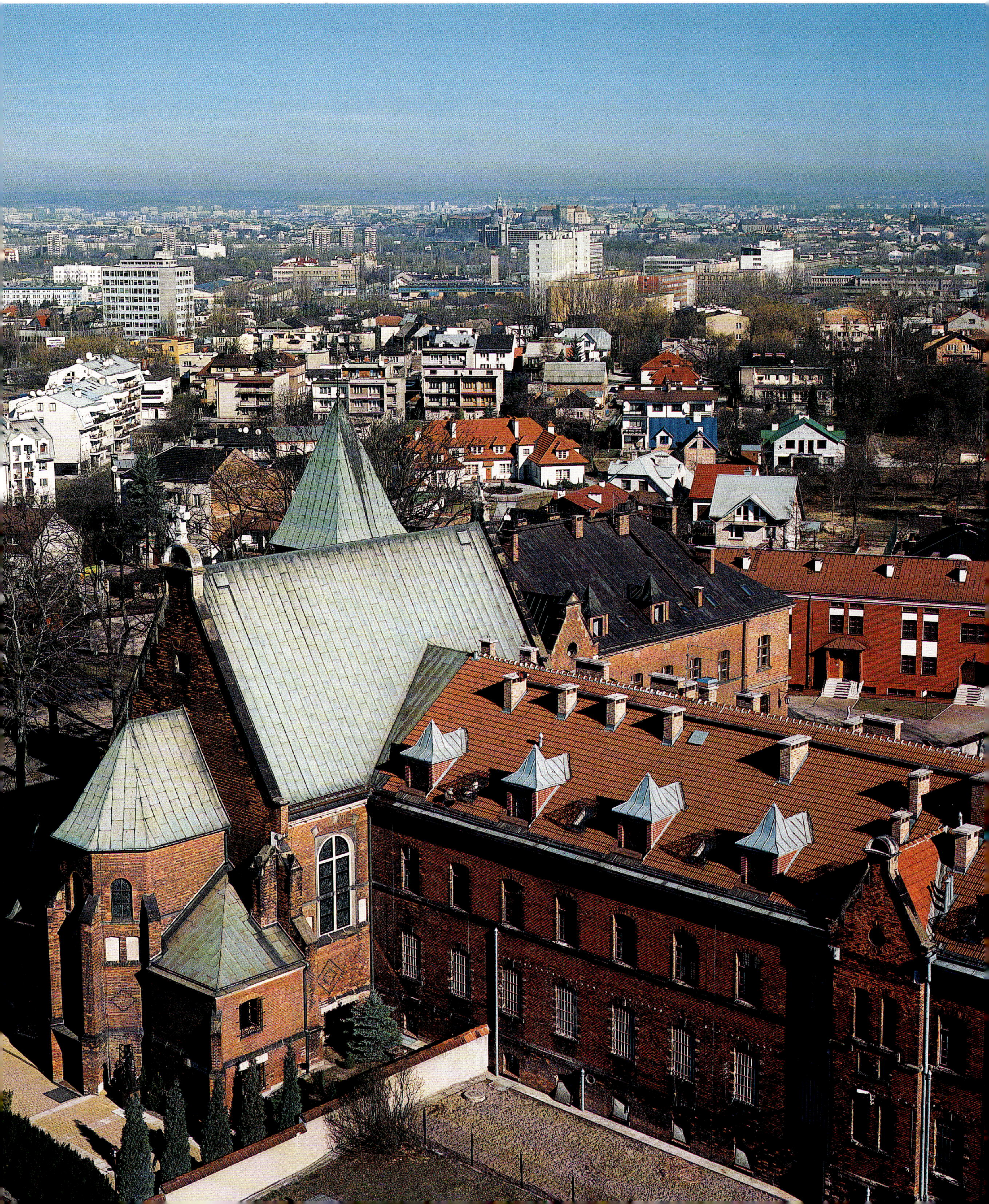

Auf der Nebenseite:
Blick vom Turm der neuen
Basilika auf das alte Kloster,
die Klosterkapelle und
auf die Krakauer
Stadtviertel.

Während seines ersten
Besuchs in Łagiewniki
weihte der Heilige Vater
Johannes Paul II. den
Grundstein von Golgota
für den Bau der neuen
Basilika ein. Auf dem Bild
von links: Architekt
Prof. Witold Cęckiewicz,
Schwester Priorin des
Ordens Maria Paulina
Słomka, Krakauer Metropolit
Kardinal Franciszek
Macharski und Bischof
Stanisław Dziwisz.

Gottesgabe für unsere Zeit

„Als ich (...) über die Heiligsprechung von Andreas Bobola gelesen hatte, trat plötzlich eine große Sehnsucht nach einer Heiligen, die eine von uns wäre, in meine Seele. Und ich weinte wie ein Kind – warum gibt es bei uns keine Heilige? Und ich sagte zum Herrn: Ich kenne Deine Großzügigkeit, doch es scheint mir, als ob Du zu uns nicht so großzügig wärst. (...) Und Herr Jesus sprach zu mir: *Weine nicht, du bist doch eine*" – schrieb Schwester Faustina im „Tagebuch" (1650). Schon als Kind wollte sie eine Heilige werden und in ihrem ganzen Ordensleben ging sie diesem Ziel entgegen. Aus Wehmut und Freude, aus großen und kleinen Sachen baute sie ihre Heiligkeit, weil sie fest daran glaubte, dass man: „kein herrliches Gebäude errichten kann, wenn man die kleinen Ziegeln weg schmeißt".

Nach dem Tod der Auserwählten Gottes hatten viele Gläubigen, die nach Łagiewniki kamen und auch die Menschen auf der ganzen Welt, die um die Fürsprache der polnischen Ordensschwester baten, Gnade erhalten. Faustinas Berufung und Mission um die Verkündung der Barmherzigkeit Gottes übernahmen ihre Nachfolger – die Aposteln der Barmherzigkeit. Im Jahr 1995 hatte der Orden der Schwestern der Mutter Gottes der Barmherzigkeit, die Selige Schwester Faustina als seine geistige Mitbegründerin anerkannt.

Während der Feierlichkeiten der Heiligsprechung sagte der Heilige Vater Johannes Paul II. unter anderem: „Ich empfinde heute wirklich große Freude, dass ich der ganzen Kirche das Leben und das Zeugnis der Schwester Faustina Kowalska, als Gottesgabe für unsere Zeit zeigen kann. Durch Gottes Fügung wurde das Leben dieser demutsvollen Tochter des polnischen Landes mit der Geschichte des 20. Jahrhunderts, das von Kurzem zu Ende gegangen ist, verbunden. Christus übergab ihr zwischen den beiden Weltkriegen seine Botschaft der Barmherzigkeit. Jeder, der sich daran erinnert, der all die schrecklichen Ereignisse dieser Jahre und das ungeheure Leid, das Millionen von Menschen zugefügt wurde, erlebte, weiß, wie sehr diese Botschaft der Barmherzigkeit nötig war.

Jesus sagte zu Schwester Faustina: *Die Menschheit wird keine Ruhe finden, solange sie sich nicht voll Zuversicht an meine Barmherzigkeit wendet* (Tb. 300). Dank der polnischen Klosterfrau bleibt diese Botschaft für immer mit dem 20. Jahrhundert verbunden, das das zweite Jahrtausend schließt und eine Brücke zum dritten Jahrtausend bildet. Es ist keine neue Botschaft, aber man kann sie als die Gabe einer Aufklärung der besonderen Art betrachten, die uns das Pascha Evangelium tiefer nachempfinden läßt, um es den Menschen unserer Zeit wie einen Lichtstrahl zu bringen.

Was werden uns die kommenden Jahre bringen? Welche Zukunft erwartet die Menschen auf der Erde? Wir können es nicht sagen. Es ist aber

Am 30. April 2000 fand in Rom die Heiligsprechung der Schwester Faustina statt. „Jesus (...) zeigt auf die Wunden, die ihm versetzt wurden und besonders auf sein verletztes Herz – eine Quelle, der ein Strahl der Barmherzigkeit entströmt" – sagte der Papst in seiner Homilie.

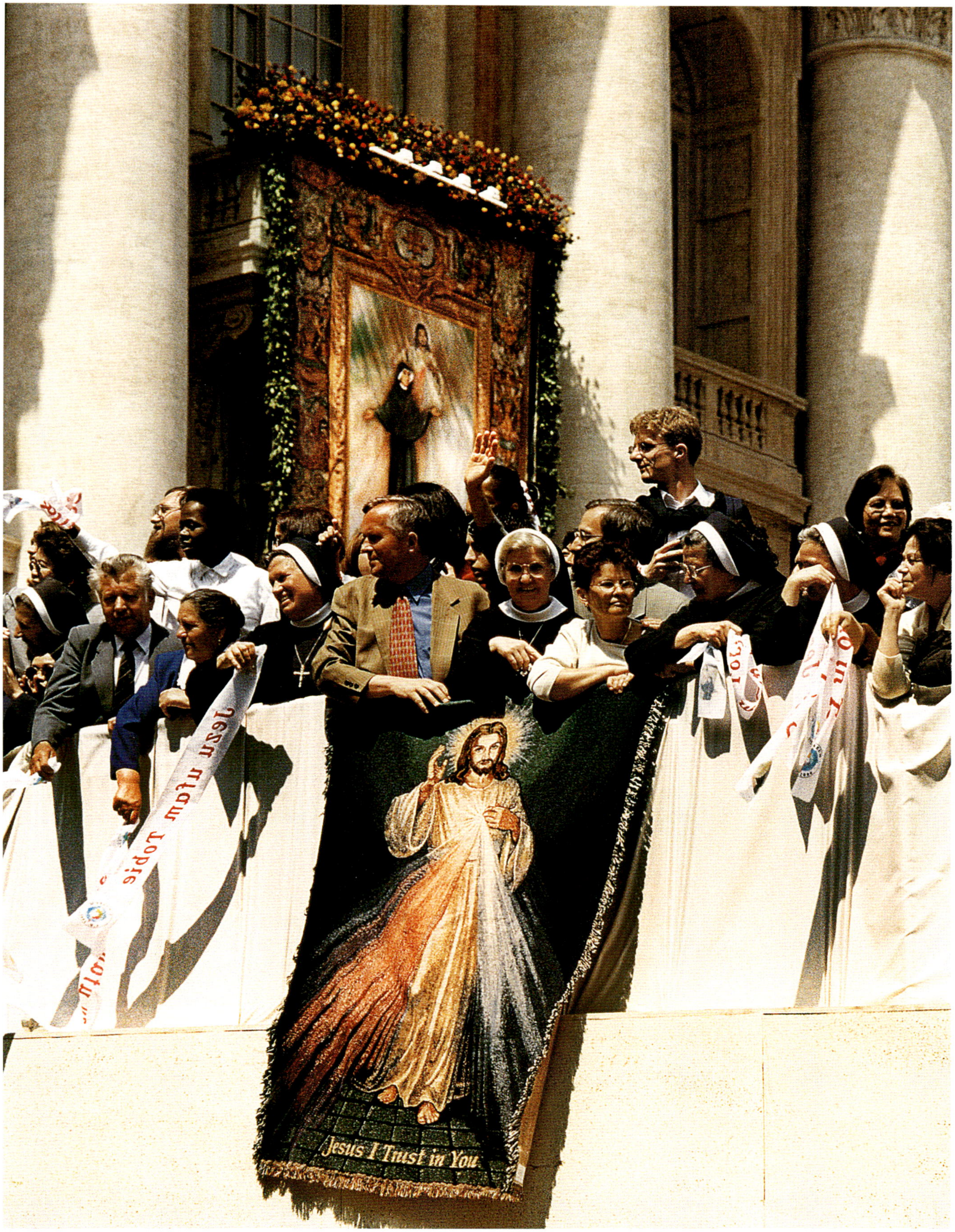
Jesus I Trust in You

An den Feierlichkeiten
der Heiligsprechung
der Schwester Faustina
nahmen auch ihre Anbeter
teil, die in der Heiligenstätte
in Kraków Łagiewniki
versammelt wurden...

... und in Rom
auf dem Petersplatz.
„Die Selige Schwester
Faustina Kowalska – sagte
Johannes Paul II. in seiner
Homilie – werden wir ab
heute eine Heilige nennen".

sicher, dass neben den neuen Erfolgen, leider auch die schmerzvollen Erfahrungen nicht fehlen werden. Doch das Licht der Barmherzigkeit Gottes, das Gott durch das Charisma der Schwester Faustina der Welt aufs Neue anvertraute, wird die menschlichen Wege im dritten Jahrtausend erleuchten.

Es ist jedoch nötig, dass die Menschheit, ähnlich wie die Aposteln damals, heute im Abendmahlsaal der Weltgeschichte den auferstandenen Christus aufnimmt, der seine Kreuzigungswunden zeigt und wiederholt: Friede sei mit euch! Es ist nötig, dass sich die Menschheit vom Heiligen Geist, den ihnen der auferstandene Christus gibt, erfüllen und durchdringen läßt. Der Heilige Geist ist es, der die Wunden des Herzens heilt, der die Mauer fallen läßt, die uns von Gott und uns gegenseitig trennen, der uns aufs Neue an der Liebe Gottes und der brüderlichen Einheit erfreuen läßt.

Misericordias Domini in aeternum cantabo (Ps 89 [88], 2). Dem Gesang der Heiligsten Jungfrau Maria, der Mutter der Barmherzigkeit und dem Gesang der neuen Heiligen, die im himmlischen Jerusalem mit allen Freunden Gottes die Hymne zur Ehre der Barmherzigkeit singt, schließen auch wir, die pilgernde Kirche, unsere Stimme an.

Du aber, Faustina, Du, Gottes Gabe für unsere Zeit, Du, Gabe des polnischen Landes für die ganze Kirche sprich für uns, damit wir die Tiefe der Barmherzigkeit Gottes erfassen können, helfe uns, damit wir sie selber erfahren können und vor unseren Brüdern Zeugnis abgeben können. Möge sich Deine Botschaft des Lichtes Scheins und der Hoffnung auf der Ganzen Welt verbreiten, möge sie die Sünder zu Umkehr verleiten, möge sie Streit und Haß beseitigen, möge sie die Menschen und die Völker fähig machen sich gegenseitig Brüderlichkeit zu zeigen. Heute, wenn wir mit dir in das Antlitz des auferstanden Christus empor blicken wiederholen wir dein Gebet der vertrauensvollen Hingabe und sprechen mit unerschütterlicher Hoffnung: Jesu, ich vertraue Dir."

30. April 2000.
Der Heilige Vater Johannes Paul II. verlässt den Petersplatz nach der Heiligsprechung der Schwester Faustina.

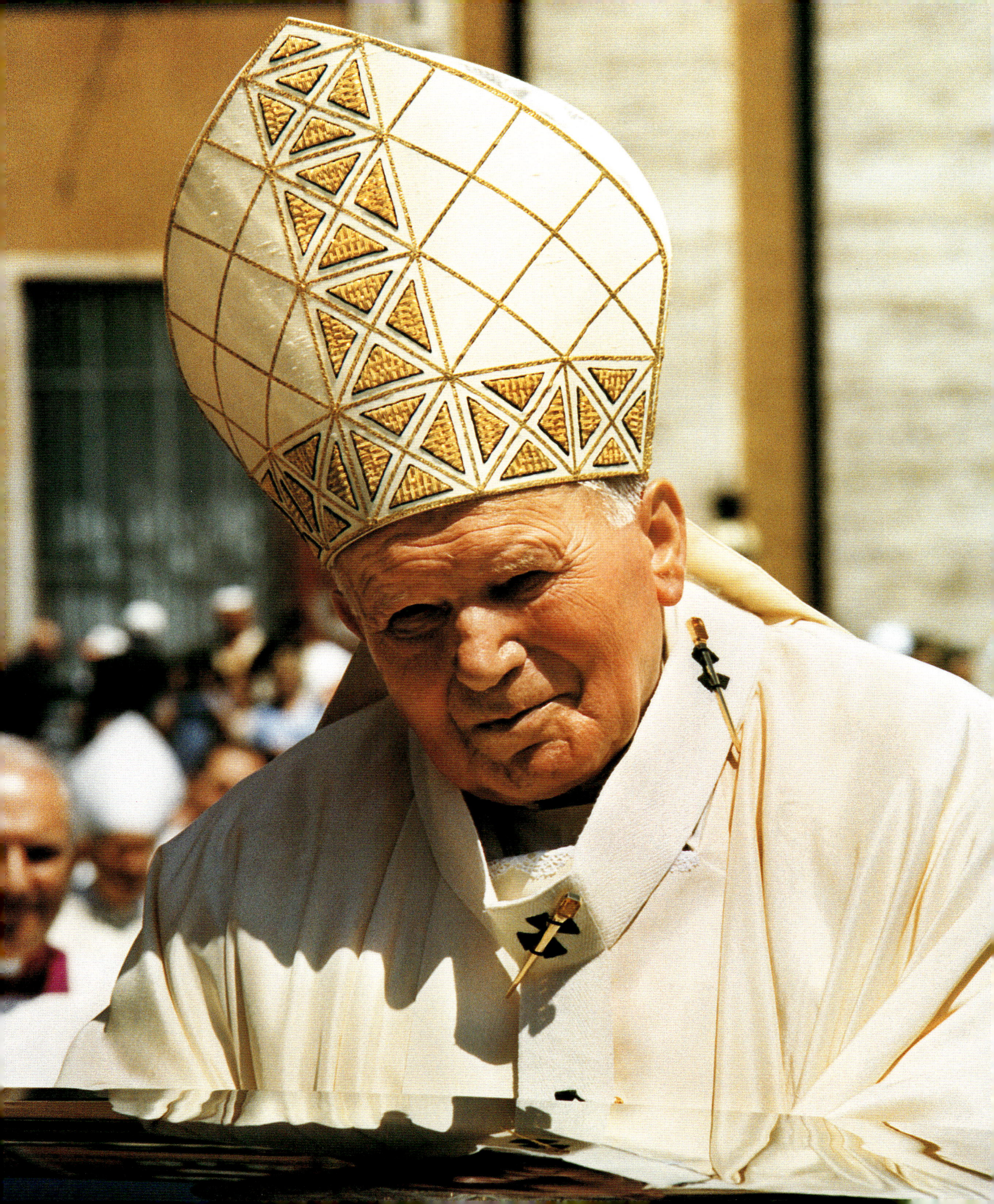

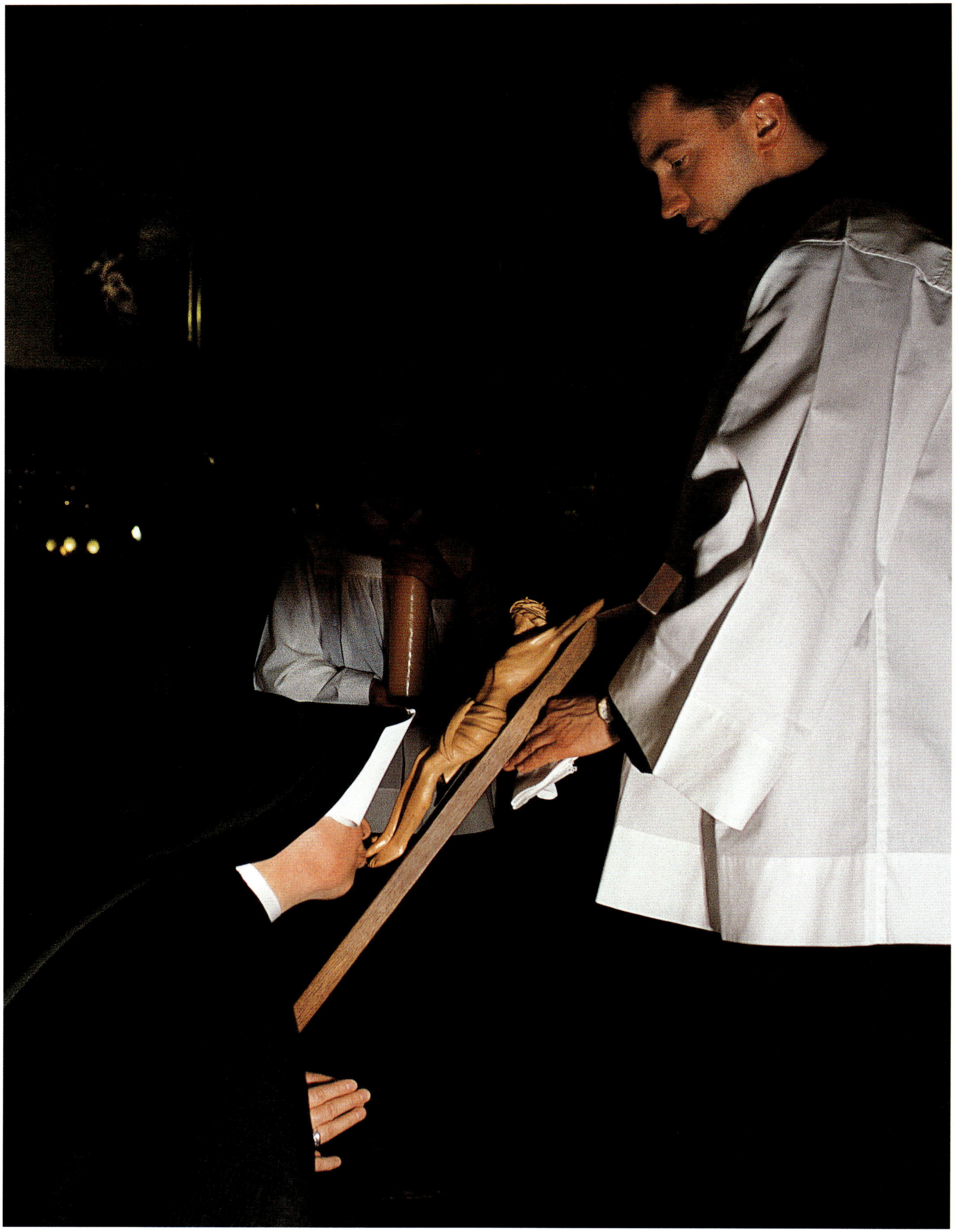

Der Stein von Golgota

„Meine ersten Schritte im königlichen Krakau brachten mich zu der Heiligenstätte der Barmherzigkeit Gottes" – sagte der Heilige Vater Johannes Paul II. am 4. Juni 1998 auf dem Petersplatz in Rom. – „Mit Freude nehme ich zu Kenntnis, dass die Erzdiözese Krakau den Ausbau der Heiligenstätte in Łagiewniki auf sich nimmt und, dass sich die Gläubigen der ganzen Welt daran beteiligen. Ich hoffe, dass sie zu einem lebendigen Zentrum des Apostolates der Barmherzigkeit Gottes wird".

Der Krakauer Metropolit Kardinal Franciszek Macharski wiederholte mehrmals, dass es ohne Kardinal Karol Wojtyła und ohne Papst Johannes Paul II. keine Łagiewniki gäbe. Karol Wojtyła suchte die nahegelegene Kapelle der Ordensschwestern der Mutter Gottes der Barmherzigkeit während des Zweiten Weltkriegs oft als junger Arbeiter der Fabrik Solvay heim. Als Priester las er dort die Heilige Messe. Dann als Heiliger Vater besuchte er die Heiligenstätte in Łagiewniki während seiner Pilgerreise in die Heimat im Jahr 1997. Er sagte damals: „Die Botschaft der Barmherzigkeit Gottes hatte immer eine große Bedeutung für mich. Die Geschichte hatte diese Botschaft in die tragischen Geschehnisse des Zweiten Weltkrieges eingetragen. In dieser schweren Zeit gab sie einen besonderen Halt und wurde zur unerschöpflichen Quelle der Hoffnung nicht nur für die Krakauer, aber für die ganze polnische Nation. Das war auch meine persönliche Erfahrung, die ich mit auf den Stuhl Petri nahm und die mein Pontifikat auch einigermaßen formt. Ich danke der Vorsehung Gottes, dass mir die Gnade erwiesen wurde, den Willen Christi persönlich zu erfüllen und das Fest der Barmherzigkeit Gottes einzusetzen. (...) Immerwährend bete ich zu Gott, um Barmherzigkeit für uns und die ganze Welt".

Die Heiligenstätte von Łagiewniki befindet sich in der Ordensanlage der Schwestern der Mutter Gottes der Barmherzigkeit, die 1891 von Aleksander Lubomirski gestiftet wurde. Bis zum Zweiten Weltkrieg war es eine geschlossene Anlage. Während der deutschen Okkupation hatte man sie für Flüchtlinge und auch für die Gläubigen, die die Kapelle und die Grabstätte der Schwester Faustina heimsuchten, geöffnet. Bereits damals wurde das Kloster zur Kultstätte und zum Ort der Verehrung und Verbreitung der Barmherzigkeit Gottes. Spontan hatte man dort den ersten Sonntag nach Ostern zu feiern begonnen, woran auch immer mehr Pilger teil nahmen. Im Jahr 1951 spendete Kardinal Adam Sapieha einen siebenjährigen vollkommenen Ablaß für alle, die diese Heiligenstätte heimsuchen. Mann verbreitete dort auch kleine Bilder mit dem Ebenbild des Barmherzigen Jesus. Während der feierlichen Andacht an jedem dritten Sonntag im Monat hielten dort Priester, unter anderen auch Karol Wojtyła, Predigten über die Barmherzigkeit Gottes. Ein Beschluß des Apostolisches Stuhls verbot in der Zeit von 1959 bis zum 1978 die Verbreitung des Kultes der Barmherzigkeit Gottes

Die Kreuzanbetung während des Paschatriduums in der Heiligenstätte in Łagiewniki im Jahr 2002.

in dieser Form, die von Schwester Faustina überliefert wurde. Nach dessen Aufhebung veröffentlichten die Ordensschwestern der Mutter Gottes der Barmherzigkeit das „Tagebuch" der Schwester Faustina, die kleinen Bilder mit dem Ebenbild des Barmherzigen Jesus und dem Kronengebet, die Gebete der Schwester Faustina und auch ihren Lebenslauf. Die feierliche Andacht wurde wieder eingeführt, immer mehr Pilger begannen hierher zu kommen. Im Jahr 1968 trug Kardinal Karol Wojtyła Łagiewniki auf die Liste der Heiligenstätten der Diözese Krakau ein und Kardinal Franciszek Macharski veröffentlichte 1992 diesbezüglich ein Dekret. Der Heilige Vater nannte 1985 diesen Ort die Hauptstadt des Kultes der Barmherzigkeit Gottes.

Am häufigsten kommen die Pilger am zweiten Sonntag nach Ostern hierher und am 5. Oktober, zum Todestag der polnischen Heiligen. Jedes Jahr bekommen die Ordensschwestern über fünfzigtausend Fürbitten, Bitten und Danksagungen aus der ganzen Welt. Die Ordensschwestern halten jährlich 2500 Vorträge über die Barmherzigkeit Gottes, etwa 800 in Fremdsprachen. Sie bekommen auch Tausende Briefe, geben Bücher und Broschüren in ein paar Sprachen heraus. Die Aposteln der Barmherzigkeit Gottes werden je nach Bedarf in polnisch, englisch, deutsch, französisch, tschechisch und slowakisch ausgebildet. Weil immer mehr Menschen aus der Welt nach Łagiewniki pilgern, hatte Kardinal Franciszek Macharski die Stiftung „Fundacja Sanktuarium Bożego Miłosierdzia" ins Leben gerufen, um das nötige Geld für den Ausbau der Kultstätte zu sammeln.

Am Mariä Geburt Fest, am 8. September 1999 hatte man mit dem Bau der neuen Basilika der Barmherzigkeit Gottes in Krakau Łagiewniki begonnen. Am 22. September wurde die Baustelle vom Kardinal Franciszek Macharski geweiht. In zweieinhalb Jahren entstand ein modernes Gotteshaus sowie andere neue Gebäude. Franziskanerpater Nikodem Gdyka brach 1997 einen Grundstein nach Łagiewniki, der mit Siegel von Kustos des Heiligen Landes Pater Joseph Nazarro versehen ist. Dieser Felsbrocken, der möglicherweise den Fußabdruck Jesu auf sich trägt, wurde am 7. Juni 1997 vom Papst Johannes Paul II. geweiht, der „der Stimme seines Herzens folgend" an diesem Tag in Łagiewniki war. Gewöhnlich werden Grundsteine in die Fundamente einer Kirche eingemauert. Die aber, die besonders kostbar sind, wie der von Łagiewniki, werden an einem sichtbaren Ort des Gotteshauses untergebracht, damit ihn alle betrachten und bewundern können.

Am 13. April 2002 wurde in der neuen Kirche, wo teilweise noch Gerüste drinnen standen, die erste Heilige Messe gelesen. Sie wurde von über tausend Priester konzelebriert, die vor allem aus der Erzdiözese Krakau, aber auch aus den anderen Regionen Polens und aus dem Ausland kamen. Der Hauptzelebrant dieser Eucharistiefaier war Kardinal Franciszek Macharski, der auch den Grundstein in eine Bronzetafel einmauerte. Diese Tafel befindet sich gleich beim Kircheneingang links. Man hatte dort einen Satz aus dem „Tagebuch" der Schwester Faustina eingraviert: „Gott ist Liebe und Barmherzigkeit" und auch die Worte des Heiligen Vaters Johannes Paul II.: „Seid die Aposteln der Barmherzigkeit Gottes". Auf diesen Aufruf des Papstes zurückkommend sagte Kardinal Franciszek Macharski: „Diese großen Worte richten sich besonders an alle die, die Łagiewniki verlassen und sie bedeuten: Seid Aposteln der Güte, des Entgegenkommens, der Vergebung, der Herzlichkeit und einer ausgestreckten Hand, die um Hilfe bittet. Es ist vor allem ein starker Ruf, um das Liebhaben der barmherzigen Liebe. Ich will dem Heiligen Vater gegenüber gehorsam sein, wenn er uns dazu auffordert."

Kardinal Franciszek Macharski küßte den Stein von Golgota, der beim Eingang der neuen Basilika der Barmherzigkeit Gottes am 13. April 2002 untergebracht wurde.

Auf der nächsten Seite: An diesem Tag wurde in der neuen Kirche, wo teilweise noch Gerüste drinnen standen, die erste Heilige Messe vom Krakauer Metropolit Kardinal Franciszek Macharski gelesen. Sie wurde von über achthundert Priestern aus der Erzdiözese Krakau konzelebriert.

161

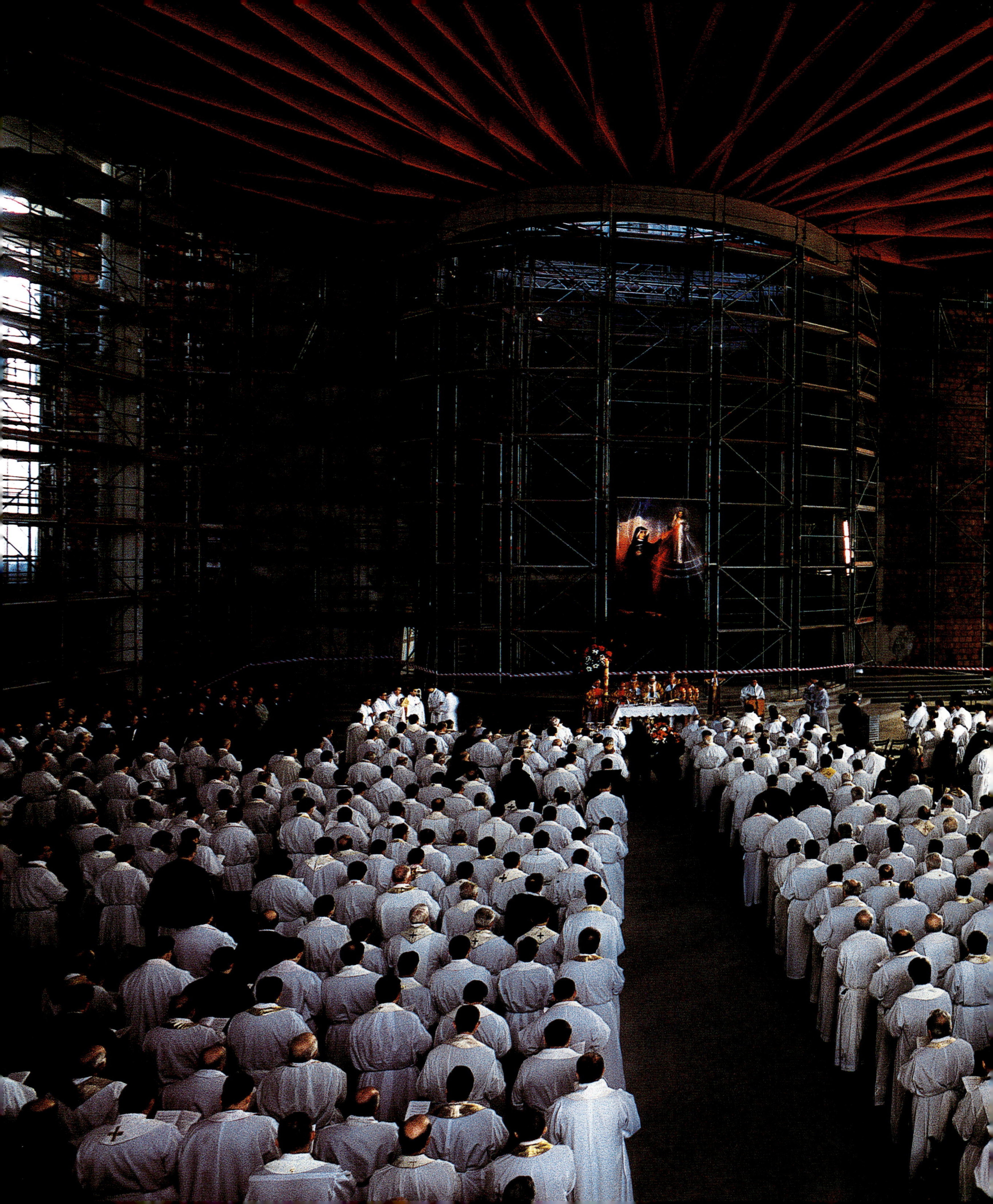

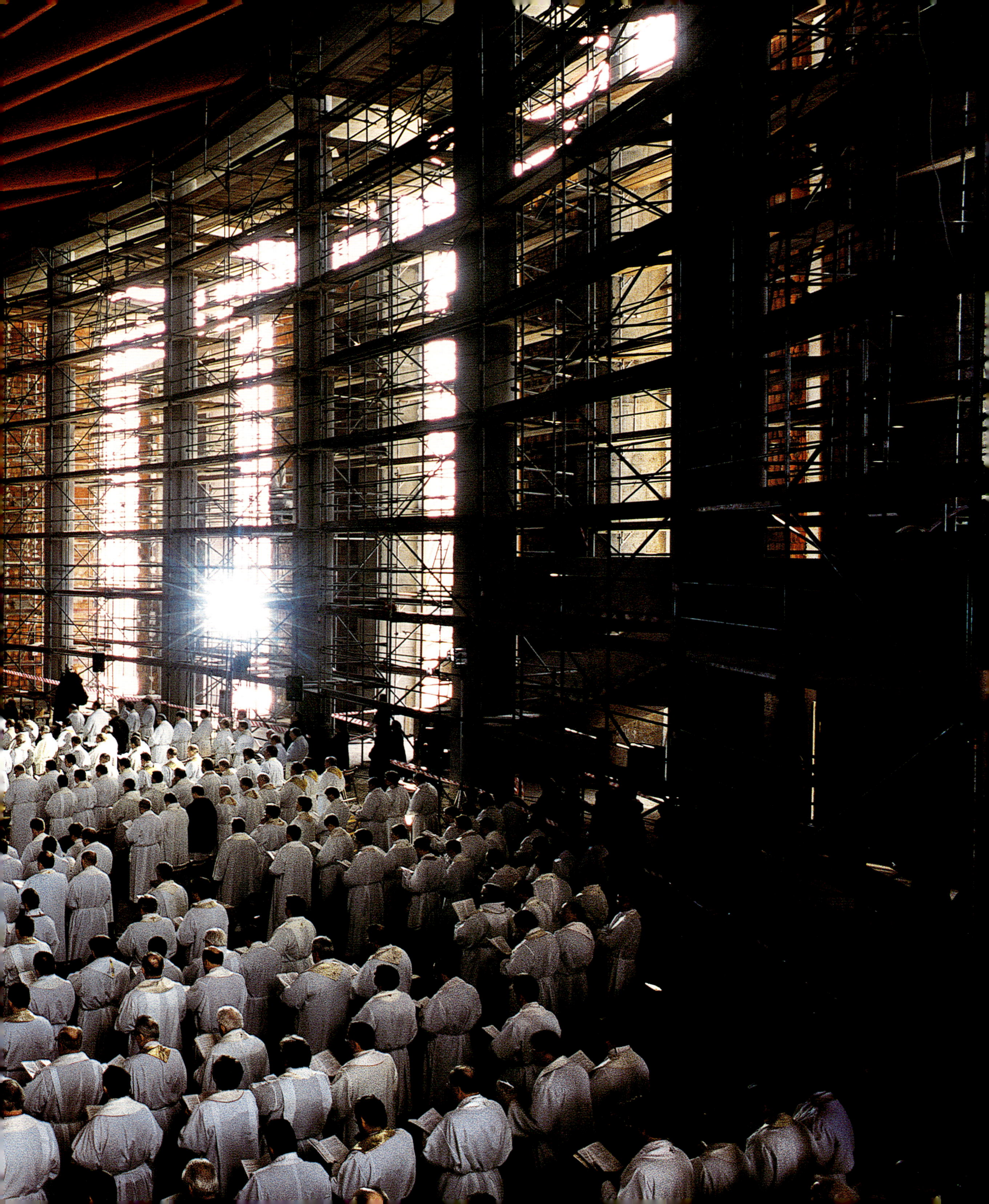

Das neue Gotteshaus in der Heiligenstätte von Łagiewniki. Von seinem Turm sieht man nicht nur die Stadt Krakau, sondern auch die weite Umgebung.

Die erste Heilige Messe in der neuen Basilika am 13. April 2002 hatte Kardinal Franciszek Macharski gelesen. Konzelebriert wurde sie von den Krakauer Bischöfe: Jan Szkodoń, Albin Łysiak und Kazimierz Nycz sowie von einigen hundert Priester aus der Erzdiözese Krakau.

Auf der Nebenseite: Der neue Kirchturm von Łagiewniki.

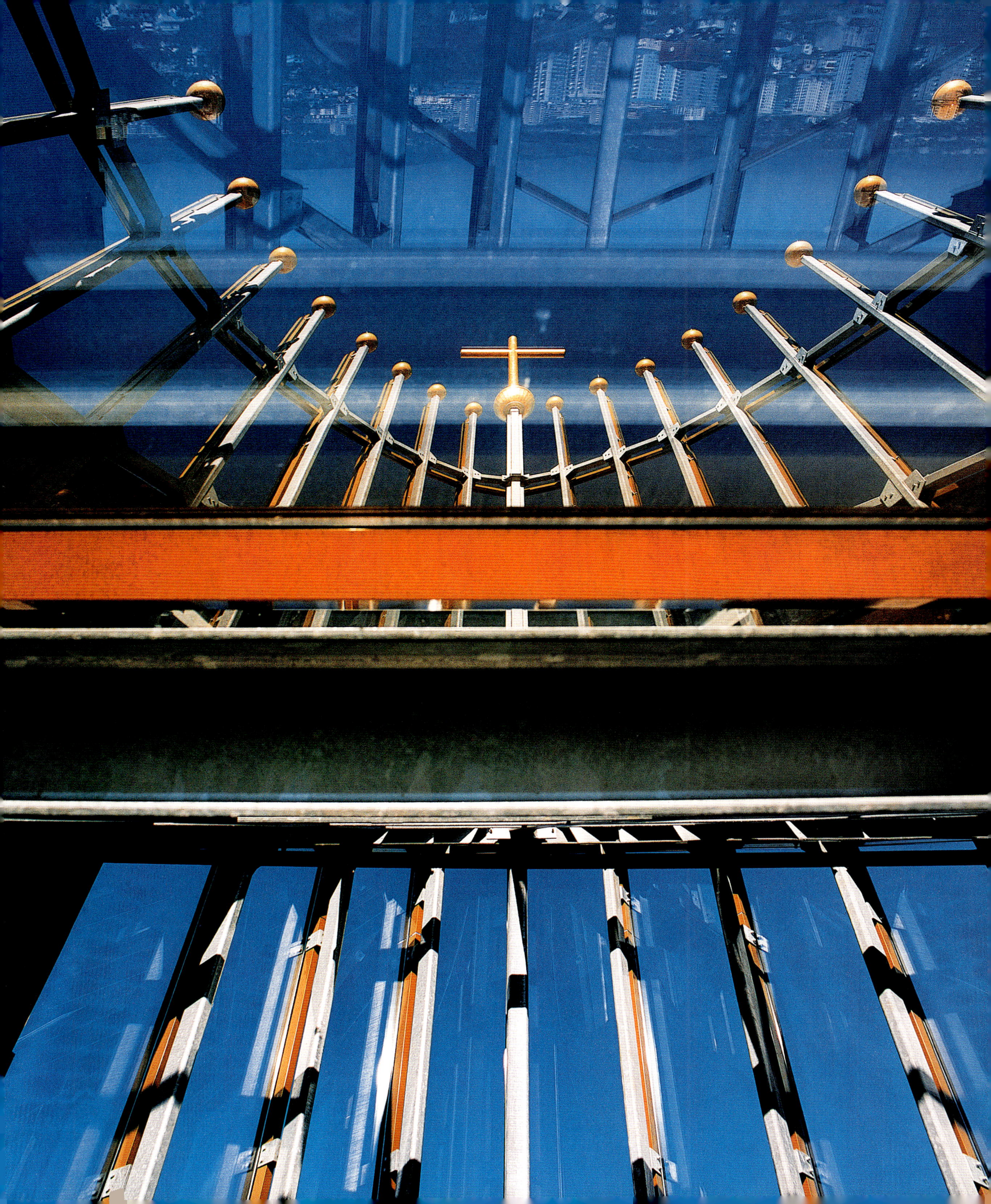

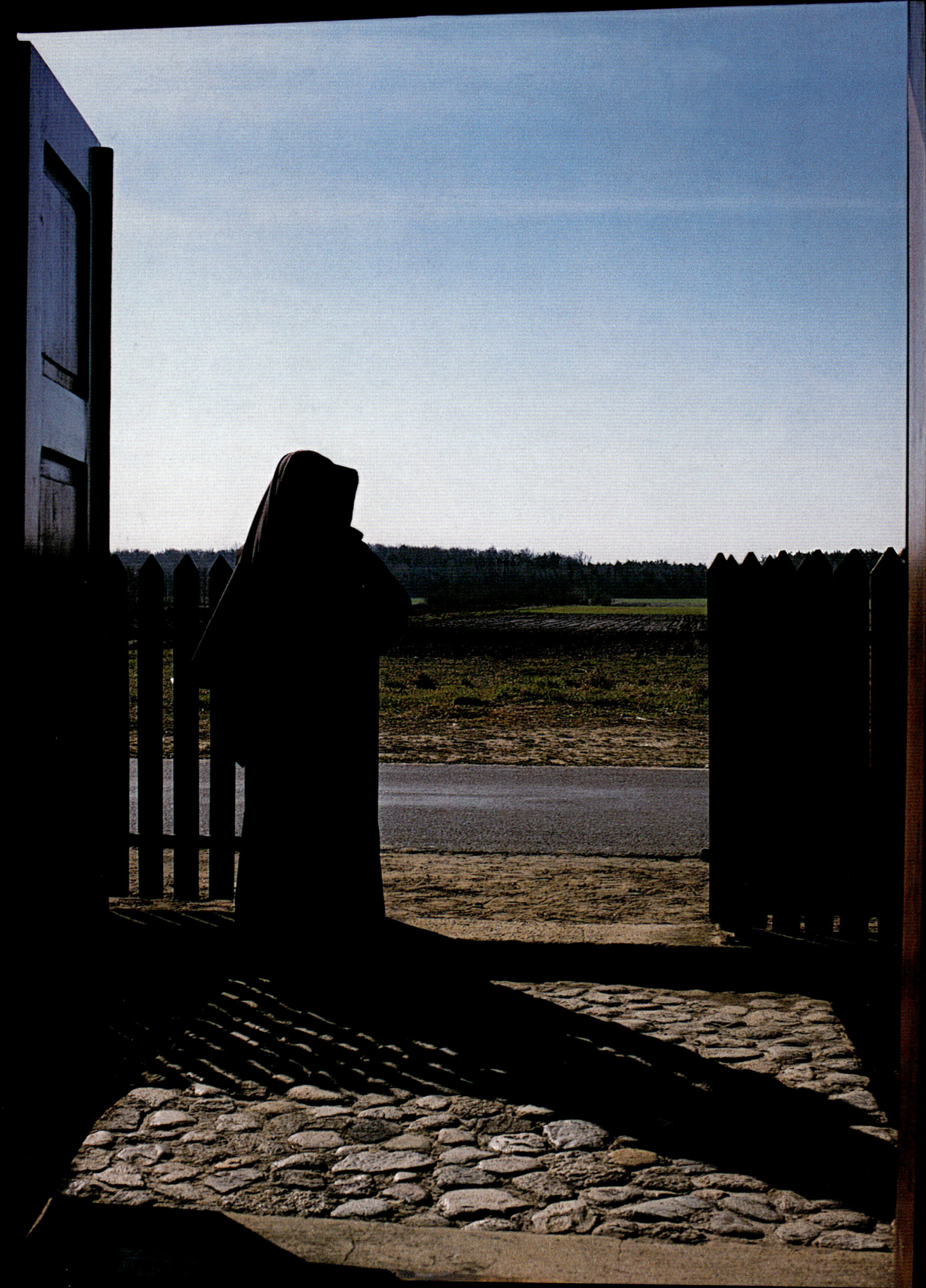

Die Autoren bedanken sich herzlich bei den Ordensschwestern der Mutter Gottes der Barmherzigkeit für ihre Hilfe bei der Entstehung dieses Bildbandes.

Deutsche Übersetzung
Jolanta Lenard
Adam Sosnowski

Englische Übersetzung
Eunika Bogucka-Jamka
Aneta Ptak
Sprachberatung
Marek K. Klonowski

Konsultation
Schwester M. Elżbieta Siepak OMGB

Satz und Layout
Studio Biały Kruk
Wojciech Bartkowski
Sebastian Stachowski

Fotos auf den Seiten: 146-147, 149, 151, 153, 155, 157
Arturo Mari

Foto auf der Seite 100
Pfarrer Janusz Gorczyca

Archivfotos
aus dem Archiv der Ordensschwestern der Mutter Gottes der Barmherzigkeit

Korrektur
Bogdana Kłeczkowa

Verlagsmitarbeit
Medienboerse

Lithos
Pasaż, Krakau

Das Buch wurde in Tschechien gedruckt.

© Copyright by Biały Kruk Sp. z o.o.
Alle Rechte vorbehalten
All rights reserved

Biały Kruk Sp. z o.o.
ul. Szwedzka 38
PL 30-324 Kraków
tel. +48 12/ 260 32 40
e-mail: biuro@bialykruk.pl
www.bialykruk.pl

1. Ausgabe
Krakau 2002

ISBN 83-88918-07-9

Biały Kruk

156.

+

J.M.J.

Wilno. 4/II 19[ ]

Rekolekcje ośmio-dniowe

Jezu Króla Miłosierdzia i nowwa jest chwila w któréj, pozostaję sam na sam z Tobą, proszę Cię błagam przez wszelką miłość Twoją, którą pała Serce Twoje, zniszcz wewnątrz zupełnie miłość wszelką, a natomiast zapal serce moje ogniem Twojéj najczystszéj miłości.

Wieczorem po końcowéj nauce, usłyszałam te słowa, Ja jestem z tobą, w tych rekolekcjach utwierdzę cię, uspokoję i umocnię, by nieustały siły twoje do spełnienia zamiarów Moich, dlatego w tych rekolekcjach zaprzesz się absolutnie woli własnéj, a natomiast spełni się w tobie wszelka wola Moja, wiedz o tem że to wiele kosztować cię będzie, dlatego napisz na czystéj karcie, te słowa, od dziś wewnątrz nieistnieje wola własna, i przekreśl ją, a na drugiéj stronie na pierwszéj te słowa, od dziś pełnię wolę Bożą wszędzie zawsze we wszystkiem, niezrażaj się niczem miłość ci da moc, i ułatwi wykonanie;

W medytacji fundamentalnéj, o celu, czyli o wyborze miłości, dusza musi kochać, ma potrzebę kochania, dusza musi przelewać swą miłość, ale nie w błoto co nie w prόżnię, ale w Boga, o Jak się cieszę kiedy zastanawiam nad tem, bo czuję wyraźnie że On Sam jest w sercu mojem Jan Jeden Jezus, a stworzenia kocham dla tego, że mi pomagają do zjednoczenia się z Bogiem, wszystkich ludzi kocham dlatego bo widzę w nich obraz Boży